BARRON'S CHILDREN'S
Spanish • English
Visual
DICTIONARY

BARRON'S

Índice de contenido

Contents

Cómo utilizar este diccionario

Este diccionario está lleno de palabras útiles, y es también un libro informativo. Te ayudará a descubrir más cosas sobre el mundo y a la vez aprenderás palabras nuevas en los dos idiomas.

This dictionary is packed with useful words, and it is also an information book. It will help you find out more about the world at the same time as you are learning new words in two languages.

¿Cómo está organizado? • *How is it organized?*

El diccionario se divide en 10 temas, incluyendo Gente y hogares, Colegio y trabajo, Animales y plantas, Ciencia y tecnología y muchos más. Cada tema dedica varias páginas a diferentes aspectos del mismo, como La familia y los amigos, Tu cuerpo y Los sentidos y las emociones.

The dictionary is divided into 10 topics, including People and homes, School and work, Animals and plants, and Science and technology. Within each topic there are pages on different subjects, such as Family and friends, Your body, and Senses and feelings.

Puedes buscar un tema en el que estés especialmente interesado y leerlo hasta el final, o puedes buscar en el diccionario.

You can find a topic that especially interests you and work right through it, or you can dip into the dictionary wherever you want.

¿Cómo buscar una palabra? • *How do I find a word?*

Hay dos formas de buscar una palabra.

There are two ways to search for a word.

Puedes buscar los temas en la página del Índice de contenido.

You can look through the topics on the CONTENTS PAGE.

Cada tema utiliza un código de colores.

Each topic is color-coded.

Cómo utilizar el diccionario • *Using the dictionary*

En cada página, se introducen las palabras utilizando ilustraciones, escenas y diagramas con etiquetas. Así es fácil encontrar la palabra que se busca, y al mismo tiempo descubrir muchas más.

On each page, words are introduced through lively images, scenes, and labeled diagrams. So it's easy to find the word you need — and discover many more words along the way.

Los recuadros ofrecen vocabulario más completo.
Feature panels give more in-depth vocabulary.

La barra lateral identifica la materia a tratar.
Side bar identifies the subject.

La introducción en los dos idiomas da información adicional sobre el tema.
An introduction in both languages adds extra information on the subject.

La barra superior identifica el tema.
Top bar identifies the topic section.

El texto de las ilustraciones está en los dos idiomas.
Captions provide words or phrases in two languages.

Las etiquetas ayudan a precisar el significado exacto de una palabra.
Labels help to pinpoint the exact meaning of a word.

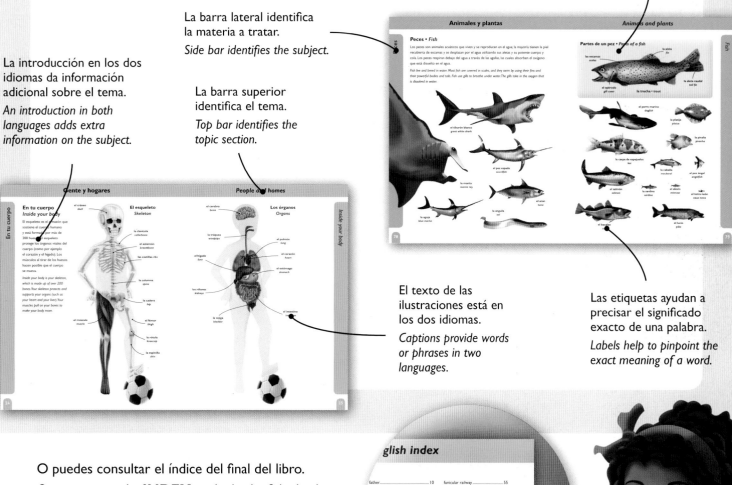

O puedes consultar el índice del final del libro.
*Or you can use the **INDEX** at the back of the book.*

Hay un Índice inglés y otro español, así que puedes buscar las palabras en cualquiera de los dos idiomas.
There is an English and a Spanish index, so you can find a word in either language.

Sea como sea, te resultará divertido explorar las lustraciones y las palabras.
However you find your word, you will have fun exploring pictures and words!

This book is for people learning their first words in Spanish. By looking at the pictures you can learn the words for a whole range of themes.

Most of the words in this book are nouns, but some are verbs, and some are adjectives. Nouns are words that give names to things, people, or places. For example, **cuchara** (spoon), **padre** (father), and **bota** (boot) are all nouns. Verbs are doing words; they refer to actions. For example, **golpear** (hit), **tirar** (throw), and **patinar** (skate) are all verbs.

Most nouns are either masculine or feminine in Spanish. We call this gender, and this is shown in this book by putting the word for "the" before the noun: **el** (masculine) or **la** (feminine).

Most nouns ending in "o" are masculine, for example **el hermano** (brother), **el brazo** (arm), **el cuchillo** (knife). Most ending in "a" are feminine, such as **la hermana** (sister), **la oreja** (ear), **la cuchara** (spoon). But take care! Some words ending in "a" are masculine, such as **el mapa** (map), **el problema** (problem), and **el planeta** (planet). Similarly, a few words ending in "o" are feminine: **la mano** (hand).

> **TIP: When you learn a new word, always try to learn whether it is masculine or feminine.**

We say that a noun is "plural" when it refers to two or more things. You make the plural of Spanish nouns ending in "o" or "a" by adding an "s": **hermanos, orejas.** When a word ends with a consonant, the plural is −es: **conductores, pasteles.**

The word for "the" with plural masculine nouns is **los;** with plural feminine nouns, use **las: los desiertos, las montañas.**

Adjectives are words that describe nouns; for example, **grande** (big), **pequeño** (small). Many adjectives have a different form for masculine and feminine: often you just change the final "o" to "a" to make the feminine adjective from the masculine form; **el castillo alto, la torre alta.** On the other hand, many adjectives are the same for masculine and feminine, as with these hot drinks: **el chocolate caliente, el café caliente.**

It's the same with job titles: as in English, some jobs have different forms depending on whether you're talking about a man or a woman: **el actor, la actriz**—but with others, only the word for "the" changes: you'd say **la dentista** for a female dentist, but **el dentista** for a male dentist.

Pronunciation

Working out how to say Spanish words is logical once you know the basic sounds. Here's a pronunciation guide for single letters and groups of letters.

Single letters

b—*corbata, abogado, balón.* **"b" and "v" sound the same.**

c (+a, o, u):—"k": *campo, cocodrilo, cuchillo*

c (+e, i)—"th" in most of Spain:'s' in most of Latin America: *baloncesto, cinturón*

cc (k-th): *fricción, ciencia ficción*

d: sounds like the English "d" at the start of a word, e.g. *dibujo.* **But it sounds like "th" in "that" in other parts of the word:** *nadar, Madrid.*

g (+ a, o, u): like "g" in "gun": *galleta, algodón, hamburguesa*

g (+e, i)—like "h" in "help" or "hip": *ligero, rígido*

j—like "h" in "hope": *ojo, traje, juego*

n—like the English "n": *nariz, ensalada.*

ñ—"ny," like "ni" in "onion": *muñeca, albañil*

r—quickly roll your tongue on the roof of your mouth—*historia, rueda.*
Make a longer roll for the double "r": *gorro*

u—on its own, it sounds like "oo" in "look": *duro;* **it sounds the English "w" when it follows another vowel:** *bueno.* **In some groups of letters, the "u" is silent:"gue"** *(hamburguesa),* **"gui"** *(guitarra),* **"que"** *(vaqueros),* **"qui"** *(barquilla)*

v—pronounced like "b": *vestido, vaca; aventura, automóvil*

z—"th" in most of Spain:"s" in most of Latin America: *zapato, cabeza, corazón, manzana*

Pairs of letters

au—"ow": *autobús, auditorio*

ch—*chaqueta, coche*

ll—like "li" in "pavilion" in some regions; like "ye" in "yes" elsewhere: *paella, bocadillo, tortilla*

The stress marker

Words are made up of different parts, called syllables. For example, "hamburger" has three syllables: ham-bur-ger, and the stress is on the first syllable: HAMburger.

In Spanish, a rising accent mark shows you where the stress falls to help you say it correctly: ***plástico, albóndiga, cinturón.***

Punctuation

There are two forms of Spanish punctuation that you might find strange at first, but they are easy to understand:

A question begins with an upside down question mark in Spanish: *¿Eres español?*—Are you Spanish?

Similarly, a phrase that might be shouted starts with an upside down exclamation mark and ends with one "the right way up": *¡Para ascender!* Going up!

La familia y los amigos • *Family and friends*

Las familias pueden estar compuestas por diferente número de miembros. Hay niños que viven en familias monoparentales o con la persona que los cuida, otros tienen familias muy grandes. Los abuelos, los tíos y los primos todos ellos forman parte del clan familiar.

Families come in many sizes. Some children live with just one parent or caregiver. Some have large families with many relatives. Grandparents, uncles, aunts, and cousins are all members of your extended family.

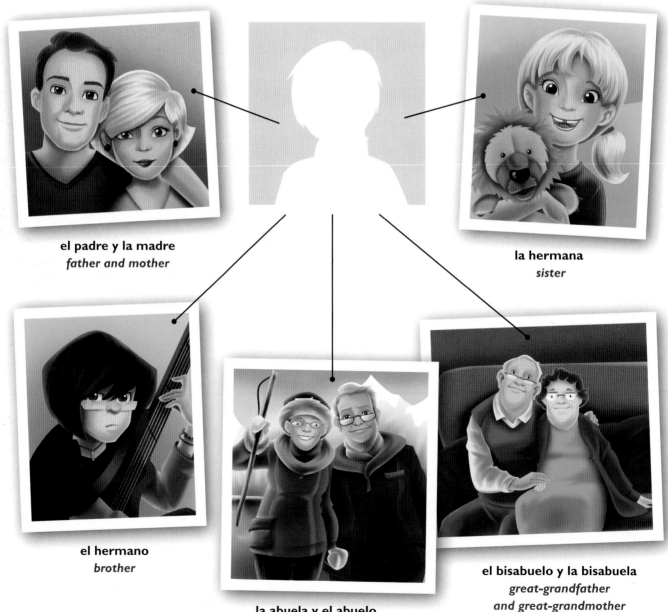

el padre y la madre
father and mother

la hermana
sister

el hermano
brother

la abuela y el abuelo
grandmother and grandfather

el bisabuelo y la bisabuela
great-grandfather and great-grandmother

People and homes

el padrastro y la madre
stepfather and mother

el tío y la tía
uncle and aunt

el(la) mejor amigo(a)
best friend

el hermanastro y la hermanastra
stepbrother and stepsister

los primos
cousins

los amigos
friends

Tu cuerpo

Tu cuerpo • *Your body*

El cuerpo es una máquina increíblemente complicada. Todas las partes del cuerpo funcionan conjuntamente a la perfección para realizar diferentes tareas a la vez. ¡El cuerpo está continuamente en actividad para mantenernos vivos!

Your body is like an incredibly complicated machine. All its parts work perfectly together, so you can do many different jobs at once. It is also busy all the time keeping you alive!

La cara • *Face*

el pelo
hair

la frente *forehead*

la ceja
eyebrow

el ojo
eye

la nariz
nose

la boca
mouth

la oreja
ear

las mejillas
cheeks

los dientes
teeth

la barbilla
chin

El cuerpo humano
Body

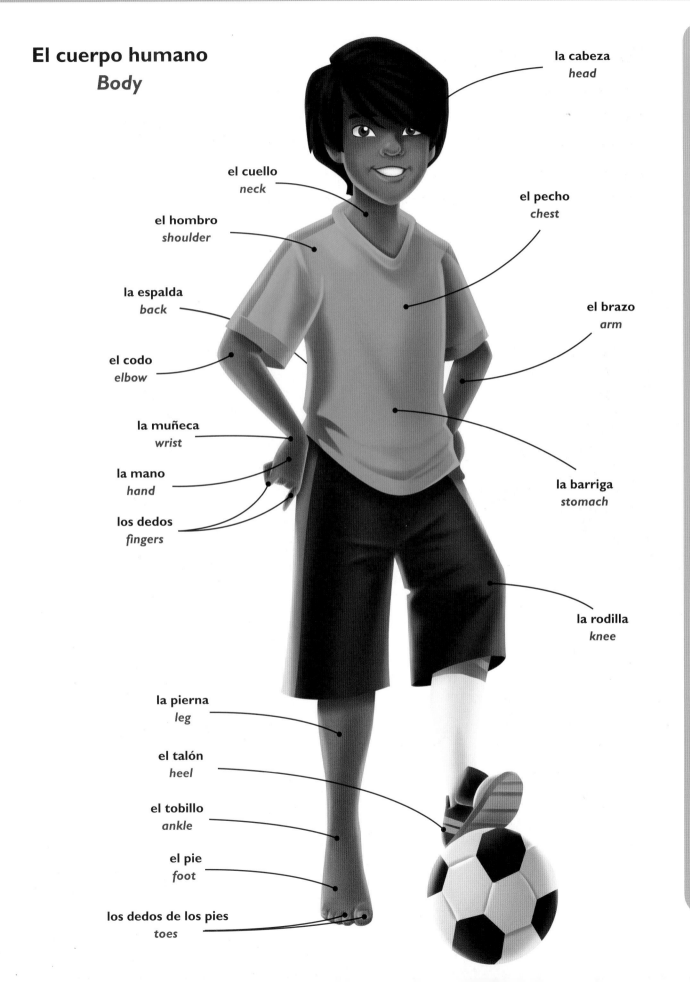

la cabeza
head

el cuello
neck

el pecho
chest

el hombro
shoulder

la espalda
back

el brazo
arm

el codo
elbow

la muñeca
wrist

la mano
hand

los dedos
fingers

la barriga
stomach

la rodilla
knee

la pierna
leg

el talón
heel

el tobillo
ankle

el pie
foot

los dedos de los pies
toes

En tu cuerpo
Inside your body

El esqueleto es el armazón que sostiene el cuerpo humano y está formado por más de 200 huesos. El esqueleto protege los órganos vitales del cuerpo (como por ejemplo el corazón y el hígado). Los músculos al tirar de los huesos hacen posible que el cuerpo se mueva.

Inside your body is your skeleton, which is made up of over 200 bones. Your skeleton protects and supports your organs (such as your heart and your liver). Your muscles pull on your bones to make your body move.

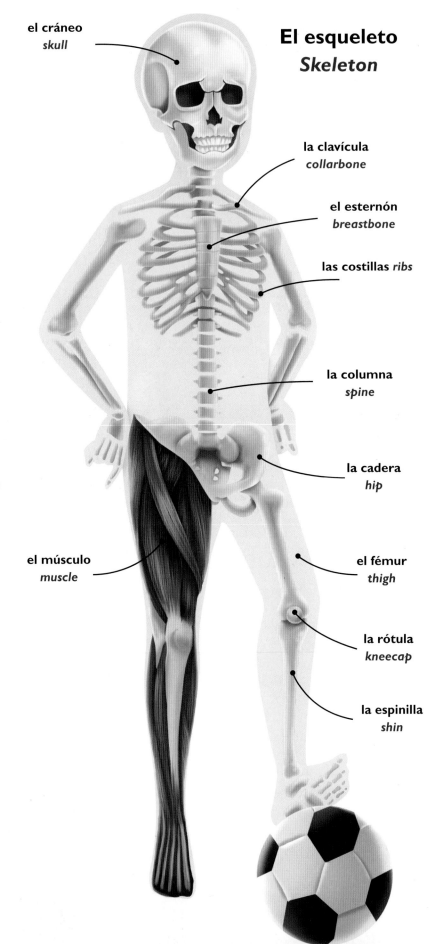

el cráneo
skull

El esqueleto
Skeleton

la clavícula
collarbone

el esternón
breastbone

las costillas *ribs*

la columna
spine

la cadera
hip

el fémur
thigh

el músculo
muscle

la rótula
kneecap

la espinilla
shin

Los órganos

Organs

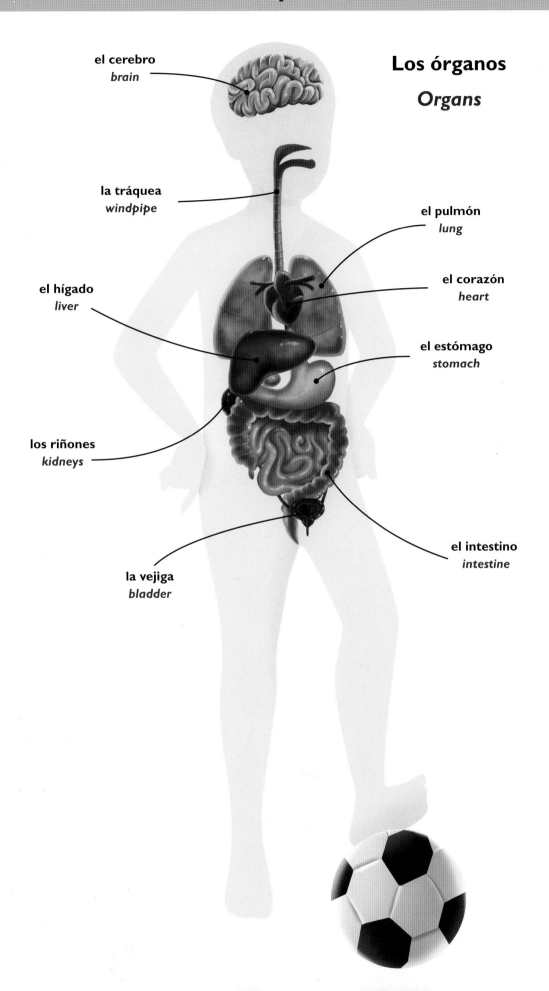

el cerebro
brain

la tráquea
windpipe

el hígado
liver

los riñones
kidneys

la vejiga
bladder

el pulmón
lung

el corazón
heart

el estómago
stomach

el intestino
intestine

Los sentidos y los sentimientos • *Senses and feelings*

Los sentidos conectan nuestro cuerpo al mundo exterior. Transmiten señales al cerebro sobre todo lo que vemos, oímos, olemos, probamos y tocamos. Usamos el rostro para transmitir señales sobre cómo nos sentimos.

Our senses link our bodies to the outside world. They carry signals to our brains about everything we see, hear, smell, taste, and touch. We use our faces to send signals to other people about how we are feeling.

El tacto • Touch

suave soft
húmedo wet
punzante sharp
caliente hot
frío cold

El olfato • Smell
repugnante nasty
agradable nice

El gusto • Taste
dulce sweet
ácido sour
salado salty

El oído • Hearing
silencioso quiet
fuerte loud

La vista • Sight
brillante bright
vistoso colorful

feliz
happy

triste
sad

asustado
scared

enfadado
angry

orgulloso
proud

entusiasmado
excited

sorprendido
surprised

travieso
mischievous

tonto
silly

alegre
laughing

confuso
confused

aburrido
bored

La casa • *Home*

Hay muchos tipos de casas, algunas tienen solo una habitación mientras que otras son mansiones suntuosas; la mayoría disponen de cocina, cuarto de baño, dormitorios y salas para descansar y relajarse.

Homes come in all shapes and sizes, and range from single rooms to massive mansions. Most have areas for cooking, washing, sleeping, and relaxing.

Viviendas de distintas partes del mundo
Homes around the world

el iglú
igloo

la yurta
yurt

el tipi
tepee

la palloza
roundhouse

la casita en el campo
cottage

el palafito
stilt house

el chalé
chalet

1 la chimenea
chimney

2 la ventana
window

3 la puerta
door

4 el tejado
roof

5 la cocina
kitchen

6 el cuarto de baño
bathroom

7 la sala de estar
living room

8 el dormitorio
bedroom

9 el garaje
garage

10 la bañera
bath

11 el váter
toilet

12 la ducha
shower

13 la silla
chair

14 la mesa
table

15 la cama
bed

16 la televisión
television

17 el fregadero
sink

18 la cocina eléctrica/
de gas
stove

Los artículos de la casa • *Household objects*

Nuestras casas están llenas de artículos y utensilios útiles. Estos artículos los utilizamos diariamente para cocinar y asearnos.

Our homes are full of useful household tools and materials. We use these household objects every day to cook our food and to keep ourselves clean.

En la cocina • *In the kitchen*

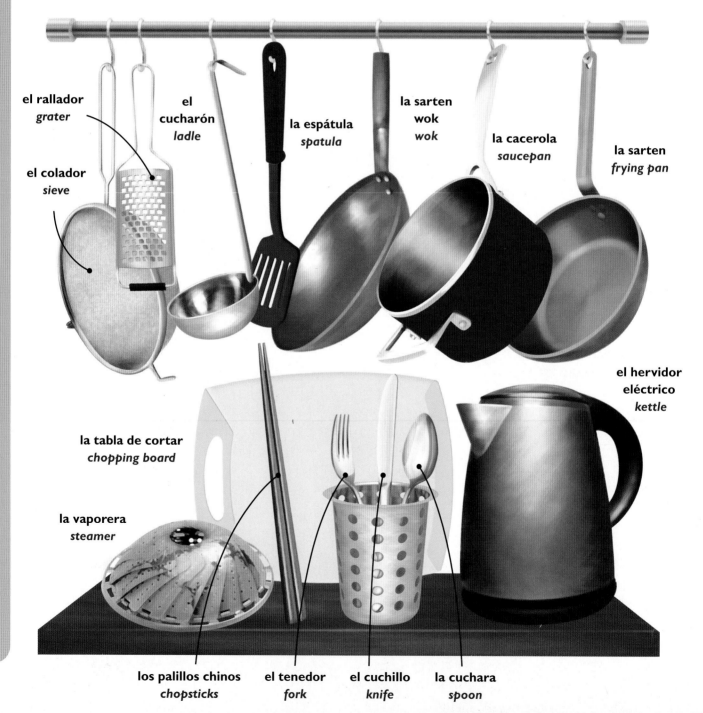

el rallador
grater

el colador
sieve

el cucharón
ladle

la espátula
spatula

la sarten wok
wok

la cacerola
saucepan

la sarten
frying pan

el hervidor eléctrico
kettle

la tabla de cortar
chopping board

la vaporera
steamer

los palillos chinos
chopsticks

el tenedor
fork

el cuchillo
knife

la cuchara
spoon

En el cuarto de baño • *In the bathroom*

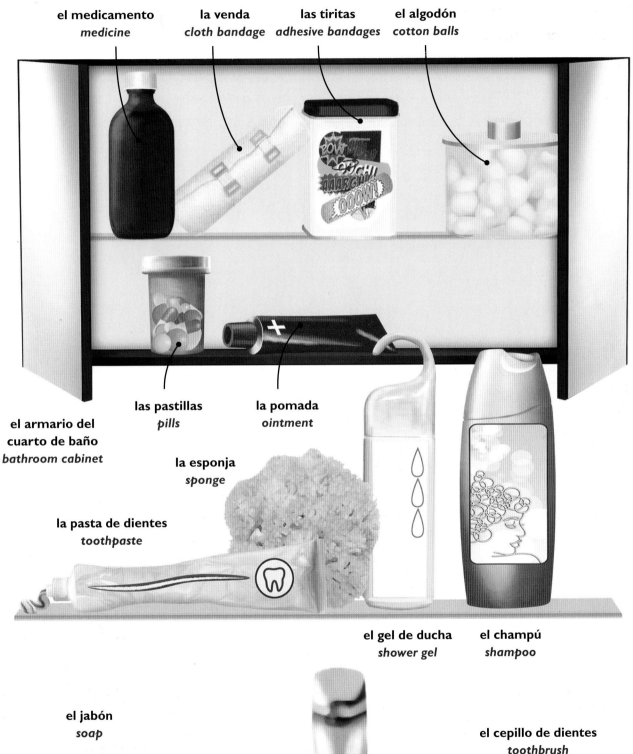

el medicamento
medicine

la venda
cloth bandage

las tiritas
adhesive bandages

el algodón
cotton balls

las pastillas
pills

la pomada
ointment

el armario del cuarto de baño
bathroom cabinet

la esponja
sponge

la pasta de dientes
toothpaste

el gel de ducha
shower gel

el champú
shampoo

el jabón
soap

el cepillo de dientes
toothbrush

Comida y bebidas • *Food and drink*

Necesitamos tomar alimentos y bebidas para mantenernos vivos, pero algunos alimentos son mejores que otros para nuestra salud. La pirámide de enfrente muestra los alimentos saludables en la base y los alimentos menos saludables en la parte superior.

We need food and drink to keep us alive, but some foods are better for our health than others. The pyramid opposite shows healthy foods at the bottom and less healthy foods at the top.

Las bebidas • *Drinks*

el té verde
green tea

el chocolate a la taza
hot chocolate

el café
coffee

las bebidas con gas
soda

el zumo de fruta
fruit juice

el agua
water

el té
tea

la leche
milk

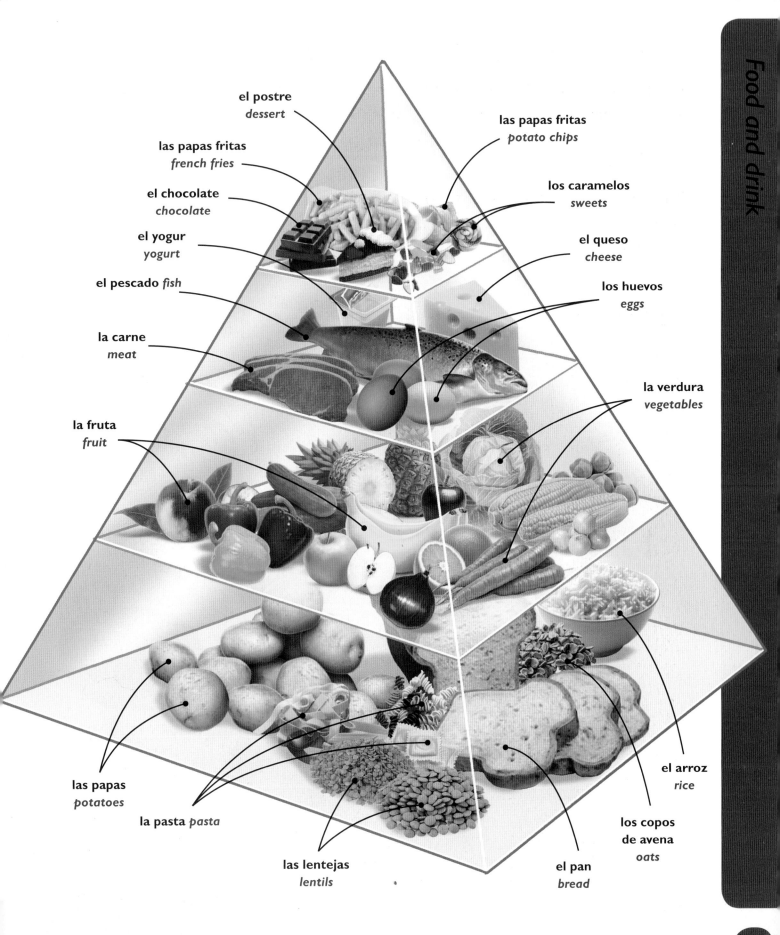

el postre
dessert

las papas fritas
french fries

el chocolate
chocolate

el yogur
yogurt

el pescado *fish*

la carne
meat

la fruta
fruit

las papas fritas
potato chips

los caramelos
sweets

el queso
cheese

los huevos
eggs

la verdura
vegetables

las papas
potatoes

la pasta *pasta*

las lentejas
lentils

el pan
bread

el arroz
rice

**los copos
de avena**
oats

Todo tipo de comida

Todo tipo de comida • *All sorts of food*

La gente toma algo ligero cuando necesita hacer una comida rápida.
Si dispone de más tiempo, toma un plato principal y un postre.

People have a snack when they need a small meal that can be eaten fast.
If they have more time, they can enjoy a main course and a dessert.

COMIDA RÁPIDA
SNACKS

el
bocadillo
sandwich

el wrap
wrap

la
hamburguesa
burger

la sopa   el bollo
soup   *roll*

la pizza
pizza

PLATO PRINCIPAL
MAIN COURSE

el filete
steak

la paella
paella

el cordero
lamb

el curry
curry

las albóndigas
meatballs

el pollo
chicken

Platos exóticos • *Weird and wonderful foods*

las ancas de rana
frogs' legs

la sopa de ortigas
stinging nettle soup

las tarántulas fritas
fried tarantulas

PLATO PRINCIPAL
MAIN COURSE

la ensalada
salad

tapas
tapas

el tofu
tofu

los espaguetis
spaghetti

la tortilla
omelette

POSTRES
DESSERT

el helado
ice cream

la macedonia de frutas
fruit salad

la magdalena
cupcakes

los crepes
pancakes

la tarta
cake

Frutas y verduras • *Fruit and vegetables*

La fruta y la verdura son las partes comestibles de las plantas. La fruta es la parte de la planta donde están las semillas, las pepitas, o el hueso. La verdura son las raíces, las hojas, o los tallos de la planta.

Fruit and vegetables are parts of plants. A fruit is the part of a plant that contains its seeds, small pits, or stone. Vegetables are the roots, leaves, or stems of a plant.

las fresas
strawberries

la cebolla
onion

los pimientos
peppers

los aguacates
avocados

los guisantes
peas

los tomates
tomatoes

las zanahorias
carrots

los melocotones
peaches

los higos
figs

los limones
lemons

las calabazas
pumpkins

El interior de una manzana

Inside an apple

las pepitas
small pits

el pedúnculo
stem

la piel
skin

la pulpa
flesh

las naranjas
oranges

las cerezas
cherries

el pepino
cucumber

las papas
potatoes

los plátanos
bananas

el maíz
sweetcorn

el repollo
cabbage

la sandía
watermelon

las judías
green beans

las peras
pears

Ropa de diario • *Everyday clothes*

La ropa protege el cuerpo y sirve también para que estemos limpios, secos y abrigados. ¡Además, la ropa también puede ayudar a que parezcamos más guapos!

Clothes protect your body and help to keep you clean, warm, and dry. They can make you look good too!

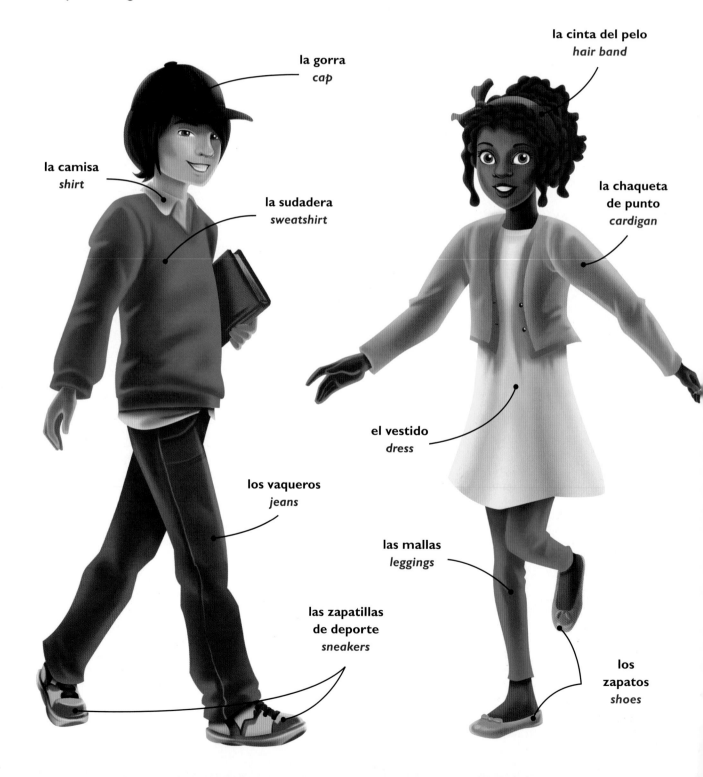

la gorra
cap

la cinta del pelo
hair band

la camisa
shirt

la sudadera
sweatshirt

la chaqueta
de punto
cardigan

el vestido
dress

los vaqueros
jeans

las mallas
leggings

las zapatillas
de deporte
sneakers

los
zapatos
shoes

el gorro
hat

la bufanda
scarf

los guantes
gloves

la camiseta
T-shirt

la chaqueta de chándal
tracksuit top

el abrigo
jacket

los pantalones cortos
shorts

las medias
tights

la falda
skirt

los calcetines
socks

los botines
ankle boots

las botas de fútbol
cleats

Todo tipo de ropa • *All sorts of clothes*

En esta página vamos a ver trajes de época de la Roma antigua, de Europa y de Japón. La página siguiente muestra ropa de distintos países.

On this page you can see some historical costumes from ancient Rome, Europe, and Japan. The opposite page includes some examples of clothes from different countries.

la emperatriz japonesa
Japanese empress

el
abanico
fan

el quimono
kimono

la reina medieval *medieval queen*

la corona
crown

la capa
cloak

el caballero medieval
medieval knight

la coraza
breastplate

la
armadura
suit of armor

el romano
ancient Roman

la toga
romana
toga

las sandalias
sandals

el guerrero samurái del Japón
Japanese samurai warrior

el yelmo
helmet

el
guantelete
gauntlet

la chaqueta
jacket

la falda
escocesa
kilt

el sari
sari

el delantal
apron

la blusa
blouse

los zuecos
clogs

la corbata
tie

el traje
suit

el turbante
turban

el sombrero
de copa
top hat

el chaleco
vest

el velo de
novia
veil

el vestido
de novia
*wedding
dress*

En la escuela • *At school*

Casi todos los niños tienen que ir a la escuela. En algunos países la edad de escolarización es a partir de los cuatro años, en otros es a partir de los siete. En la escuela se aprenden y se practican técnicas muy importantes y también se estudian varias asignaturas que ayudan a interpretar el mundo que nos rodea.

Most children have to go to school. In some countries, children start school at age four, in other countries they start at age seven. At school, you learn and practice some very important skills. You study a range of subjects that help you understand the world around you.

el reloj
clock

el horario
timetable

el póster
poster

School and work

Las clases • *Lessons*

inglés – *English*
historia – *History*
geografía – *Geography*
ciencias – *Science*
matemáticas – *Math*
tecnología – *Technology*
música – *Music*
dibujo – *Art*

los deberes – *homework*
los trabajos de curso – *coursework*
el trabajo – *project*
el examen – *exam*

la pizarra Vileda® • *whiteboard*

❶ el pupitre
desk

❷ la calculadora
calculator

❸ el cuaderno
notebook

❹ el libro de texto
textbook

❺ la carpeta de anillas
binder

❻ el bloc de notas
writing pad

❼ la regla
ruler

❽ el globo
globe

❾ la grapadora
stapler

❿ el bolígrafo
pen

⓫ el lápiz
pencil

⓬ la goma
eraser

Todo tipo de trabajos • *All sorts of work*

Hay muchos tipos distintos de trabajos. ¿Qué trabajo te gustaría hacer? Quizá te gustaría trabajar con computadoras. ¿Te gustaría trabajar con animales? Imagínate la cantidad de profesiones a las que podrías dedicarte.

There are so many different types of work. What kind of work do you want to do? You may be interested in working with computers. Or would you like to work with animals? Think of all the jobs you could try.

la ingeniera
el ingeniero
engineer

la arquitecta
el arquitecto
architect

la veterinaria
el veterinario
veterinarian

la conductora de autobús
el conductor de autobús
bus driver

el jefe de cocina
la jefa de cocina
chef

el abogado
la abogada
lawyer

el enfermero
la enfermera
nurse

el reportero
la reportera
reporter

el agente de policía
la agente de policía
police officer

el maestro
la maestra
teacher

57 ×
92

Equipo y ropa de trabajo • *Work equipment and clothing*

Para realizar ciertos trabajos es necesario utilizar ropa y equipo de trabajo especial. Los trabajadores de la construcción, los buzos y los bomberos usan ropa especial para su seguridad personal. Los cirujanos usan ropa que impide la propagación de los microbios.

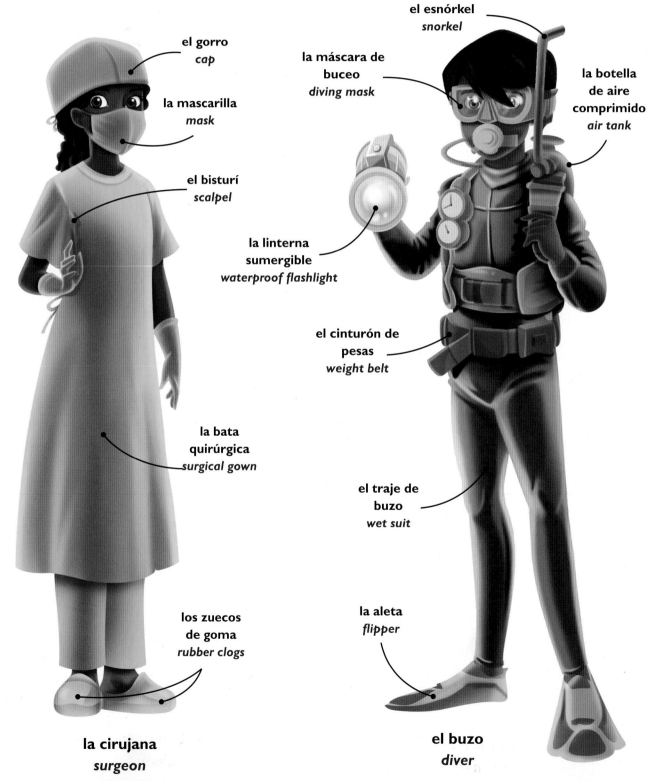

el esnórkel
snorkel

la máscara de buceo
diving mask

la botella de aire comprimido
air tank

el gorro
cap

la mascarilla
mask

el bisturí
scalpel

la linterna sumergible
waterproof flashlight

el cinturón de pesas
weight belt

la bata quirúrgica
surgical gown

el traje de buzo
wet suit

los zuecos de goma
rubber clogs

la aleta
flipper

la cirujana
surgeon

el buzo
diver

Equipo y ropa de trabajo

School and work

Some people need special equipment and clothing to do their work. Builders, divers, and firefighters wear special clothes to keep themselves safe. Surgeons wear clothing that stops germs from spreading.

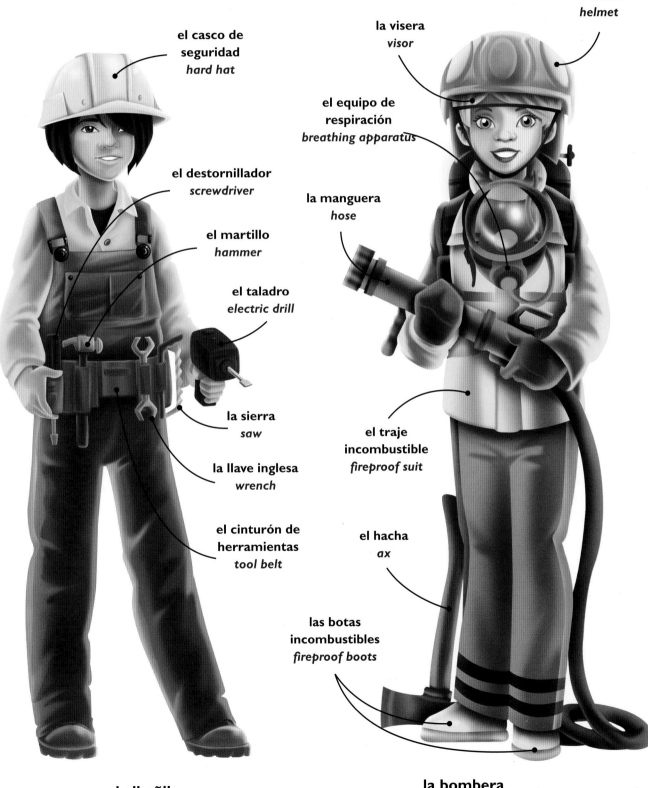

el casco de seguridad
hard hat

el destornillador
screwdriver

el martillo
hammer

el taladro
electric drill

la sierra
saw

la llave inglesa
wrench

el cinturón de herramientas
tool belt

el casco
helmet

la visera
visor

el equipo de respiración
breathing apparatus

la manguera
hose

el traje incombustible
fireproof suit

el hacha
ax

las botas incombustibles
fireproof boots

el albañil
builder

la bombera
firefighter

Deportes • *Sports*

El deporte es muy importante. Nos ayuda a mantenernos en forma y es divertido practicarlo. Los atletas profesionales de todo el mundo entrenan mucho para participar en las principales competiciones, como las Olimpiadas. Hay dos Olimpiadas—una en verano y otra en invierno.

Sports are important. They keep us fit, and they are fun. Professional athletes all over the world train hard to compete in top competitions, such as the Olympics. There are two Olympics—one in summer and one in winter.

el fútbol
soccer

el tenis
tennis

el béisbol
baseball

el rugby
rugby

la gimnasia
gymnastics

el voleibol
volleyball

el tiro con arco
archery

el ciclismo
cycling

el atletismo
athletics

El fútbol • *Soccer*

el árbitro • *referee*
parar • *to save*
marcar • *to score*
el gol • *goal*
el penalti • *penalty*
el tiro libre • *free kick*
el, la defensa • *defense*
el portero, la portera • *goalkeeper*
el delantero, la delantera • *forward*

el baloncesto
basketball

el yudo
judo

el críquet
cricket

el golf
golf

la natación
swimming

el hockey sobre hielo
ice hockey

Deportes en acción • *Sports in action*

La participación en cualquier deporte exige mucha actividad. Correr es la base de muchos deportes, pero también hay otras muchas actividades y ejercicios.

Taking part in any kind of sport means a lot of action! Running is part of many sports but there are many other activities too.

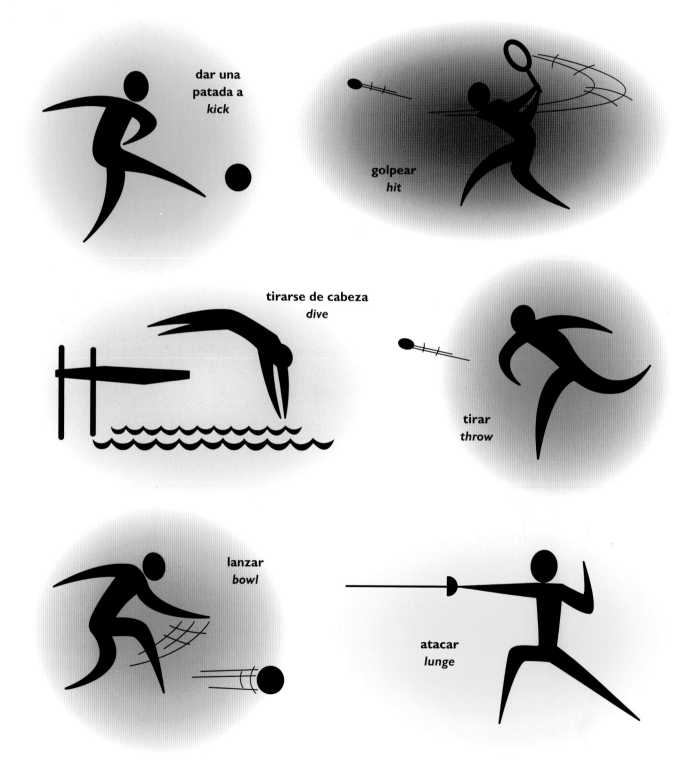

dar una patada a
kick

golpear
hit

tirarse de cabeza
dive

tirar
throw

lanzar
bowl

atacar
lunge

coger
catch

disparar
shoot

saltar
jump

deslizarse
glide

patinar
skate

**montar
(a caballo)**
ride

remar
paddle

Juegos y pasatiempos
Games and leisure

A lo largo de la historia el hombre ha practicado diferentes tipos de juegos. Son juegos muy antiguos el ajedrez, las cometas y el yoyó. Los juegos electrónicos son mucho más recientes.

People all over the world have been playing games for centuries. Chess, kites, and yo-yos have a very long history. Electronic games are a recent invention.

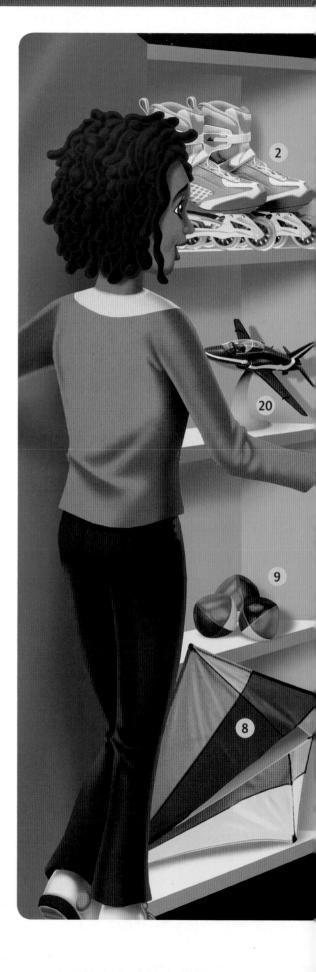

❶ el monopatín
skateboard

❷ los patines en línea
rollerblades

❸ el balón
soccer ball

❹ la raqueta
racket

❺ el volante
birdie

❻ el bate
bat

❼ el yoyó
yo-yo

❽ la cometa
kite

❾ las bolas de malabares
juggling balls

❿ el tablero de ajedrez
chessboard

⓫ las piezas de ajedrez
chess pieces

⓬ los auriculares
earphones

⓭ el puzzle
jigsaw puzzle

⓮ el juego de mesa
board game

⓯ la revista
magazine

⓰ la novela
novel

⓱ el DVD
DVD

⓲ el reproductor de música
MP3 player

⓳ la videoconsola
game console

⓴ la maqueta
model

Artes plásticas y manualidades (vertical, left margin)

Artes plásticas y manualidades • *Art*

La gente crea arte observando lo que les rodea, o utilizando la imaginación. Se pueden utilizar diferentes recursos, como pinturas, cámaras, arcilla o incluso mármol, para crear obras de arte. Las obras de artistas famosos se puede contemplar en los diferentes museos del mundo.

People create art by observing what they see around them, or by using their imagination. We can use paints, cameras, clay, or even marble to create art. You can see the work of famous artists in galleries around the world.

el retrato
portrait

el esbozo
sketch

la fotografía
photograph

el bodegón
still life

el paisaje
landscape

los dibujos animados
cartoons

Herramientas del artista • *Artist's equipment*

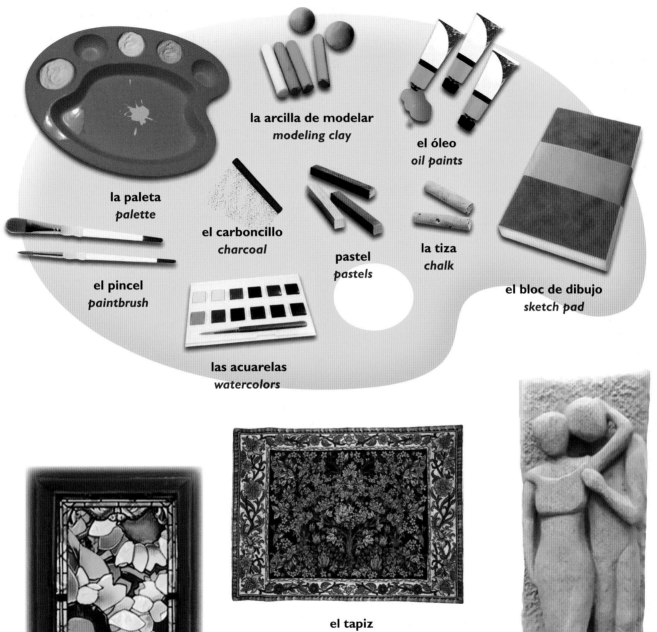

la arcilla de modelar
modeling clay

el óleo
oil paints

la paleta
palette

el carboncillo
charcoal

pastel
pastels

la tiza
chalk

el pincel
paintbrush

el bloc de dibujo
sketch pad

las acuarelas
watercolors

el vidrio de colores
stained glass

el tapiz
tapestry

el grafiti
graffiti

la escultura
sculpture

Instrumentos musicales • *Musical instruments*

Hay cuatro tipos principales de instrumentos musicales. Los instrumentos de cuerda tienen cuerdas que suenan punteándolas o haciendo que un arco las roce; los instrumentos provistos de teclado suenan pulsando las teclas; los de viento suenan impulsando aire dentro de ellos y a los de percusión se les hace sonar golpeándolos.

There are four main types of musical instruments. Stringed instruments have strings to pluck or play with a bow. Keyboard instruments have keys to press. Wind instruments are played by blowing air through them. Percussion instruments are struck to make noise.

Instrumentos de viento
Wind instruments

Instrumentos de teclado
Keyboard instruments

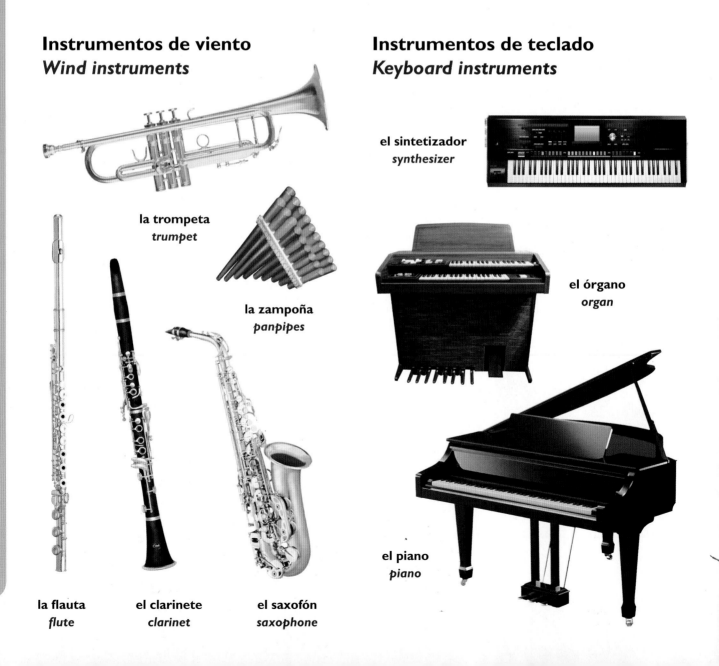

el sintetizador
synthesizer

la trompeta
trumpet

la zampoña
panpipes

el órgano
organ

el piano
piano

la flauta
flute

el clarinete
clarinet

el saxofón
saxophone

Instrumentos de cuerda • *Stringed instruments*

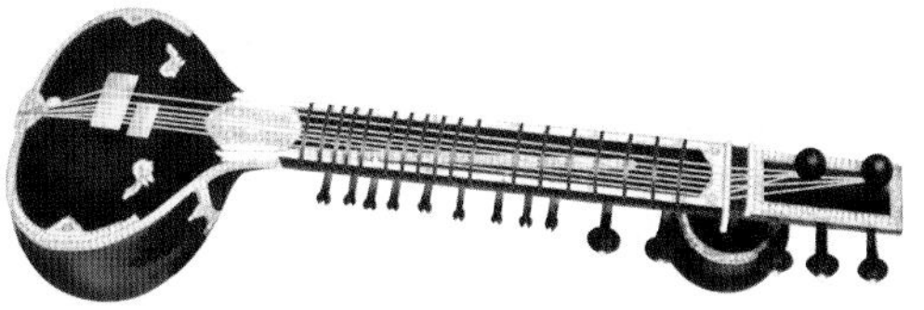

el sitar
sitar

el arco
bow

el arpa
harp

el contrabajo
double-bass

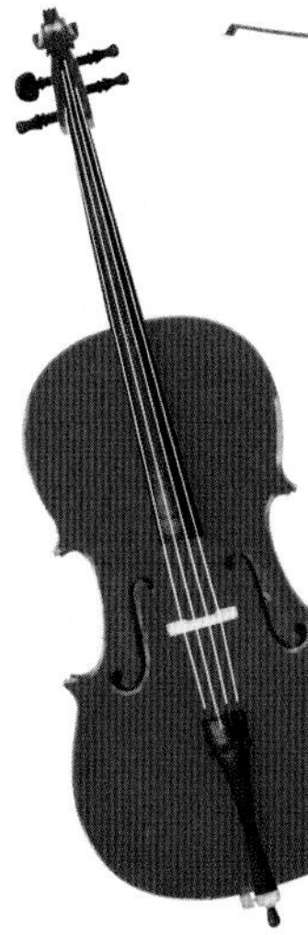

el chelo
cello

el violín
violin

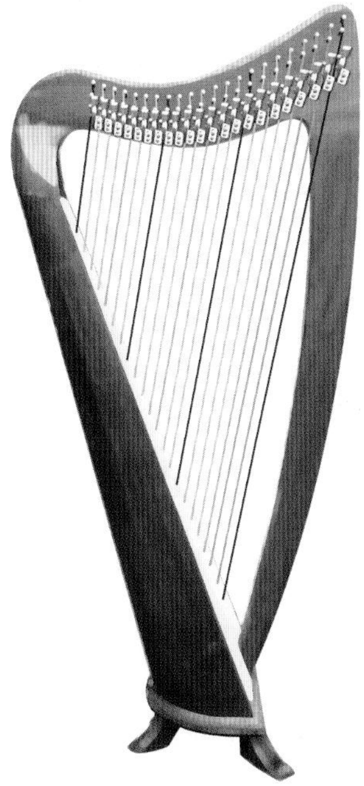

la guitarra
guitar

Instrumentos de percusión
Percussion instruments

las maracas
maracas

la pandereta
tambourine

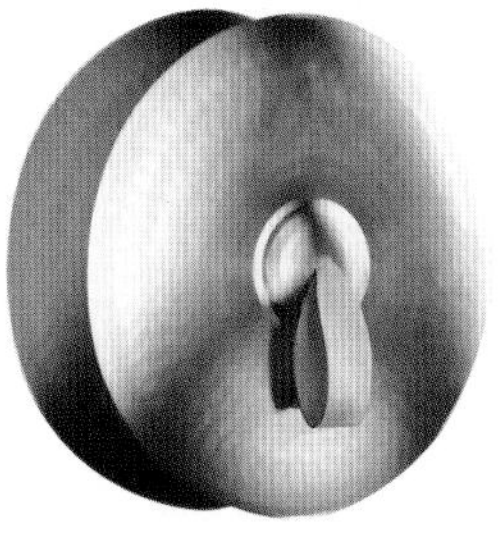

los platillos
cymbals

la batería
drums

la tabla
tabla

Música y baile • *Music and dance*

En todo el mundo la gente compone y crea distintos tipos de música y de bailes.
La música puede ser interpretada por una orquesta grande, por un grupo pequeño o
por un solo músico y también podemos bailar solos, en pareja o en grupo.

People around the world love to create different types of music and dance.
Music can be played by a large orchestra, by a small band, or by a solo performer.
You can dance alone, with a partner, or in a group.

la música clásica
classical music

el rock
rock

el jazz
jazz

el pop
pop

la música folk
folk music

Art, music, and entertainment

el reggae
reggae

el rap
rap

el soul
soul

la música global
world music

Baile • *Dance*

el claqué
tap dancing

el breakdance
break dancing

el baile de salón
ballroom dancing

el ballet
ballet

Televisión, cine y teatro
TV, *film, and theater*

Trabajar en equipo es fundamental para hacer programas de televisión, películas o teatro. Se necesita mucha gente y aparatos para filmar un espectáculo en directo, como por ejemplo un programa concurso en un auditorio.

Teamwork is important when a show is being made for television, movies, or the theater. A lot of people and equipment are needed to film a live event, such as a talent show in a theater.

1 el cámara
cameraman

2 el técnico de sonido
sound engineer

3 el director
director

4 la cámara
camera

5 el escenario
stage

6 el foco
spotlight

7 el micrófono
microphone

8 el, la cantante
singer

9 el bailarín, la bailarina
dancer

10 el actor, la actriz
actor

11 el vestuario
costume

12 el decorado
scenery

13 el director de escena, la directora de escena
stage manager

14 el monitor
monitor screen

15 la claqueta
clapboard

16 el telón
curtains

17 el productor, la productora
producer

18 el público
audience

Programas de televisión y películas • *TV shows and films*

¿Qué tipo de películas y de programas de televisión te gustan? ¿Cuáles te gustan más: las películas de humor o las películas que te hacen reflexionar? Algunas películas y programas de televisión muestran acontecimientos reales. Otros muestran situaciones imaginarias.

What kind of films and TV shows do you like? Do you prefer comedies or films that make you think? Some films and TV programs show real events. Others show imaginary situations.

una película de terror
horror

una película de ciencia ficción y fantasía
science fiction and fantasy

una película de acción y de aventuras
action and adventure

una comedia
comedy

los dibujos animados
cartoons

las noticias
news program

un programa deportivo
sports program

una tertulia
talk show

un documental de la naturaleza
nature documentary

un programa concurso
game show

Vehículos de pasajeros • *Passenger vehicles*

Hay muchas formas diferentes de viajar. Puedes viajar utilizando el transporte público, como por ejemplo el tren, el autobús o el metro, o utilizando tu vehículo particular, como la bicicleta o el coche.

There are many ways to travel. You can go by public transport, such as the train, bus, or subway, or you can use your own vehicle, such as a bicycle or a car.

Las partes de un coche • *Parts of a car*

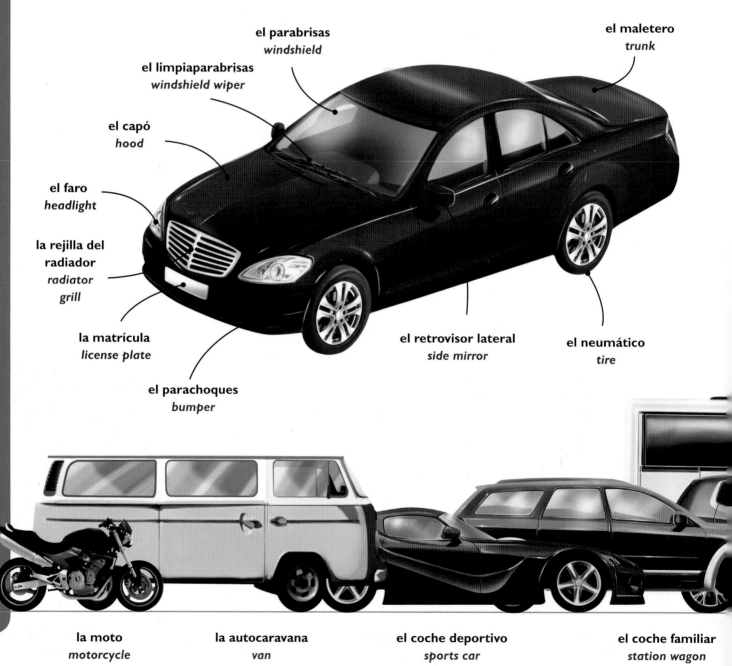

el parabrisas
windshield

el maletero
trunk

el limpiaparabrisas
windshield wiper

el capó
hood

el faro
headlight

la rejilla del radiador
radiator grill

la matrícula
license plate

el parachoques
bumper

el retrovisor lateral
side mirror

el neumático
tire

la moto
motorcycle

la autocaravana
van

el coche deportivo
sports car

el coche familiar
station wagon

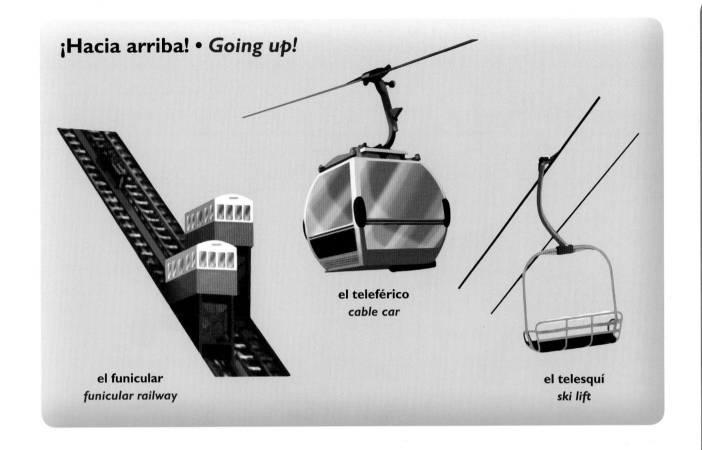

¡Hacia arriba! • *Going up!*

el funicular
funicular railway

el teleférico
cable car

el telesquí
ski lift

el tren • *train*

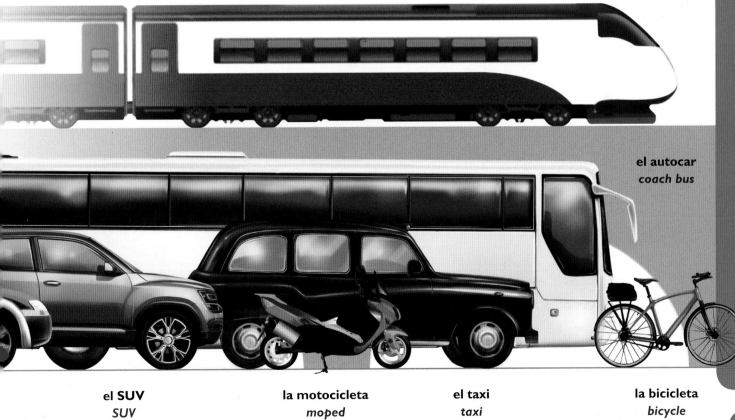

el autocar
coach bus

el SUV
SUV

la motocicleta
moped

el taxi
taxi

la bicicleta
bicycle

Vehículos pesados • *Working vehicles*

Los vehículos pesados realizan muchos trabajos importantes, tales como transportar cargas pesadas, levantar pesos, apisonar y excavar. Los camiones y los tanques transportan cargas pesadas. Los vehículos de emergencia proporcionan asistencia esencial.

Vehicles do many important jobs, such as transporting heavy loads, lifting, rolling, and digging. Trucks and tankers transport heavy loads. Emergency vehicles provide essential help.

**la grúa
con cesta**
cherry picker

la pala retroexcavadora
backhoe loader

la apisonadora
roller

**la carretilla
elevadora**
forklift

la excavadora
excavator

la motoniveladora
bulldozer

**el camión
volquete**
dump truck

**la grúa
mecánica**
crane

la ambulancia
ambulance

el coche de bomberos
fire engine

el vehículo anfibio
amphibious vehicle

la motonieve
snowmobile

**la furgoneta
de reparto**
delivery van

el coche patrulla
police car

**el camión
portacontenedores**
dumpster truck

el quitanieves
snowplow

el camión portacoches
car transporter

el camión hormigonera
mixer truck

el vehículo pesado
tractor/trailer

Working vehicles

Aeronaves • *Aircraft*

Las aeronaves están propulsadas por motores a reacción, por hélices o por palas de rotor. Los globos aerostáticos ascienden porque están llenos de aire de menos densidad que el aire que les rodea. Los planeadores se desplazan aprovechando las corrientes térmicas ascendentes de aire caliente para volar.

Aircraft are powered by jet engines, by propellers, or by rotor blades. A hot-air balloon rises because the air inside its envelope is lighter than the surrounding air. Gliders ride on currents of air, called thermals.

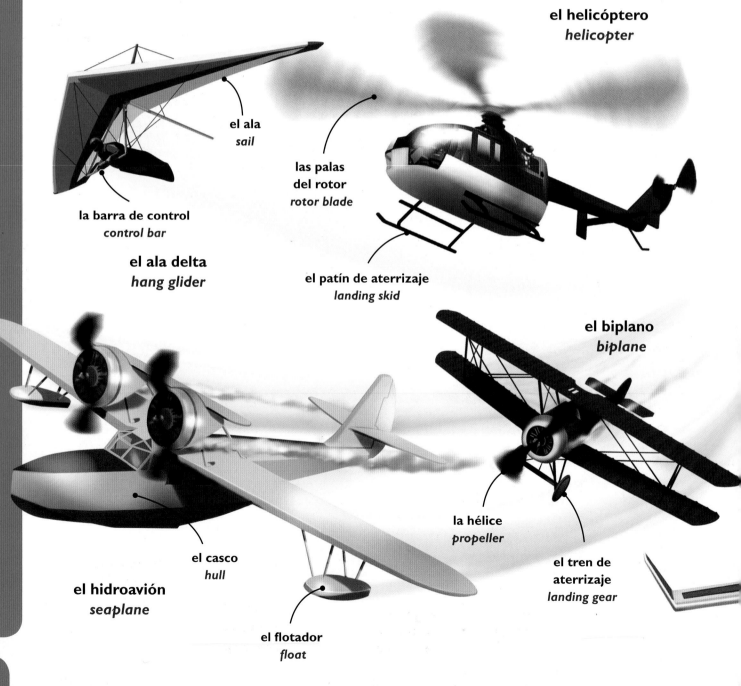

el helicóptero
helicopter

el ala
sail

las palas del rotor
rotor blade

la barra de control
control bar

el ala delta
hang glider

el patín de aterrizaje
landing skid

el biplano
biplane

la hélice
propeller

el casco
hull

el hidroavión
seaplane

el tren de aterrizaje
landing gear

el flotador
float

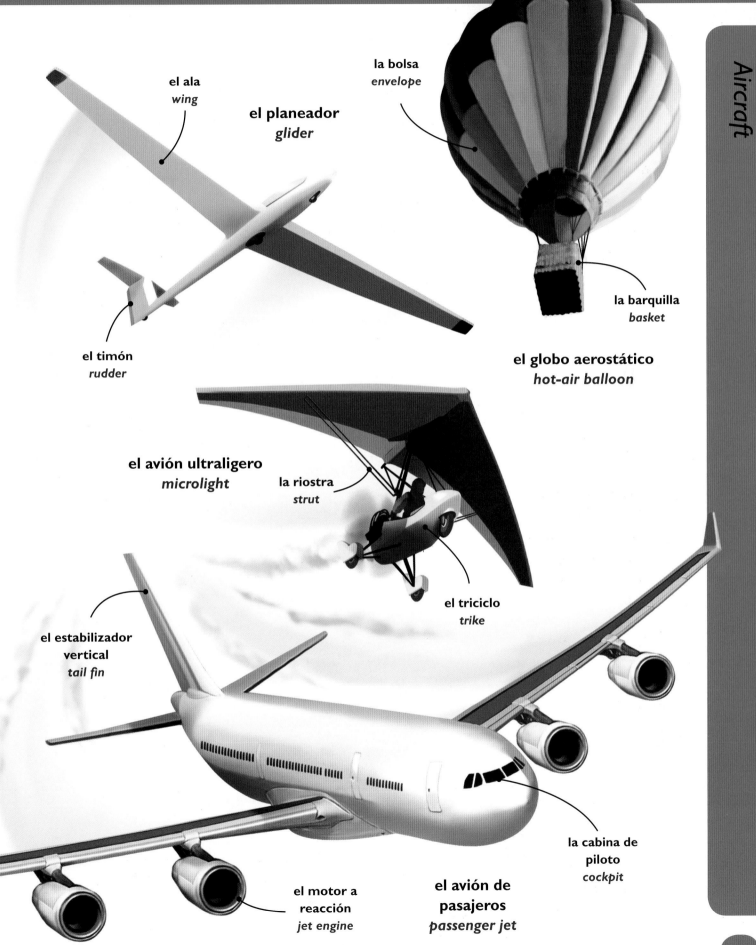

el ala
wing

el planeador
glider

la bolsa
envelope

el timón
rudder

la barquilla
basket

el globo aerostático
hot-air balloon

el avión ultraligero
microlight

la riostra
strut

el triciclo
trike

**el estabilizador
vertical**
tail fin

**la cabina de
piloto**
cockpit

**el motor a
reacción**
jet engine

**el avión de
pasajeros**
passenger jet

59

Buques, barcos y otras embarcaciones
Ships, boats, and other craft

Hoy día, casi todas las embarcaciones y los barcos grandes cuentan con algún tipo de motor. Los veleros utilizan el viento para desplazarse. Los botes de remos tienen varios remos y las canoas palas.

Today, most large ships and boats have some kind of engine. Sailing boats rely on wind power. A rowboat has a set of oars, and a canoe has a paddle.

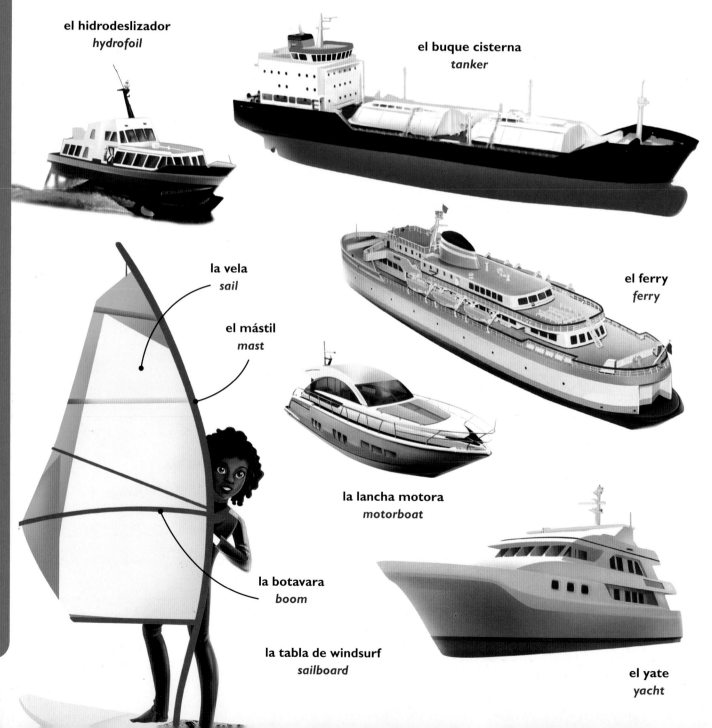

el hidrodeslizador
hydrofoil

el buque cisterna
tanker

la vela
sail

el mástil
mast

el ferry
ferry

la botavara
boom

la lancha motora
motorboat

la tabla de windsurf
sailboard

el yate
yacht

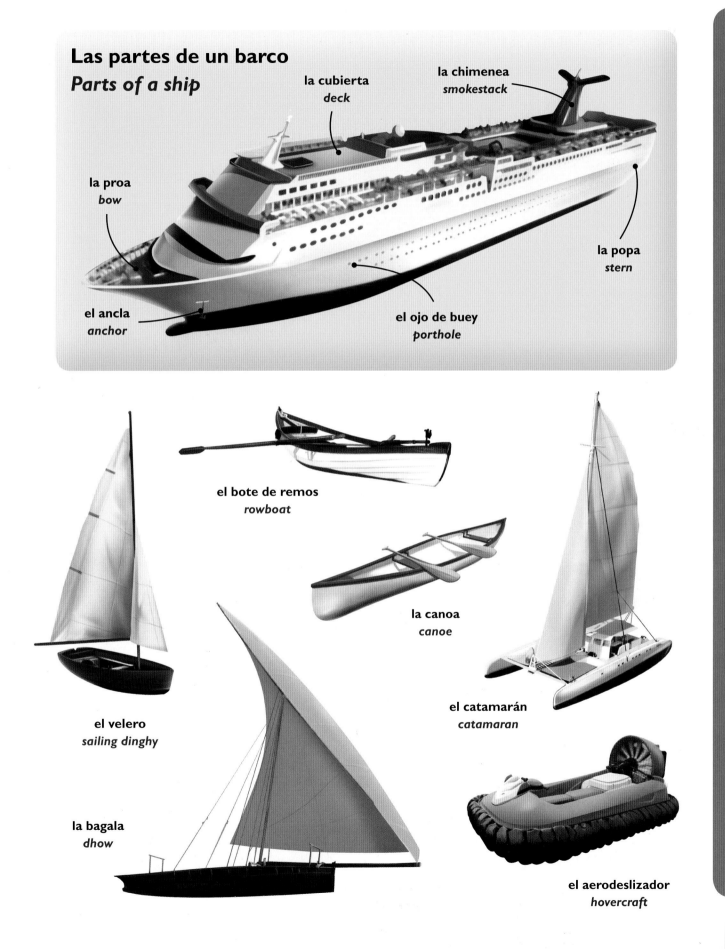

Las partes de un barco
Parts of a ship

la cubierta
deck

la chimenea
smokestack

la proa
bow

la popa
stern

el ancla
anchor

el ojo de buey
porthole

el bote de remos
rowboat

la canoa
canoe

el velero
sailing dinghy

el catamarán
catamaran

la bagala
dhow

el aerodeslizador
hovercraft

Energía • *Energy and power*

Dependemos de la energía para abastecer de luz y calefacción a nuestros hogares y también para hacer funcionar los aparatos que usamos diariamente; pero ¿de dónde procede la energía? La energía procede de varias fuentes; se transforma en electricidad y se suministra a nuestros hogares.

We rely on energy to supply our homes with light and heat and to run the machines we use every day. But where does that energy come from? Energy comes from a range of sources. It is converted into electricity and delivered to our homes.

la energía solar
solar energy

la energía hidroeléctrica
hydroelectric power

la energía de biomasa
bioenergy

la energía geotérmica
geothermal energy

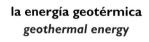

la energía de las mareas
tidal energy

la energía eólica
wind power

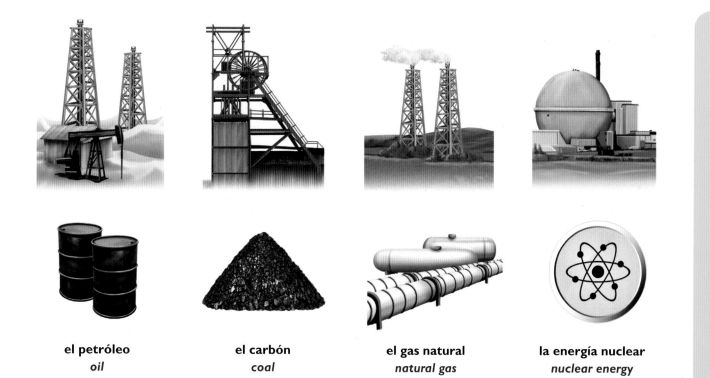

el petróleo	el carbón	el gas natural	la energía nuclear
oil	*coal*	*natural gas*	*nuclear energy*

Símbolos de un circuito eléctrico • *Electrical circuit symbols*

La corriente eléctrica pasa por un circuito. El circuito incluye varios componentes, como por ejemplo un interruptor, un hilo conductor y una lámpara. Los circuitos se pueden representar en forma de diagramas. Los diagramas de los circuitos tienen símbolos para representar cada componente.

Electricity runs through a circuit. The circuit includes several components or parts, such as a switch, a wire, and a lightbulb. Electrical circuits can be shown as diagrams. Circuit diagrams have symbols to represent each component.

diagrama de un circuito eléctrico • *circuit diagram*

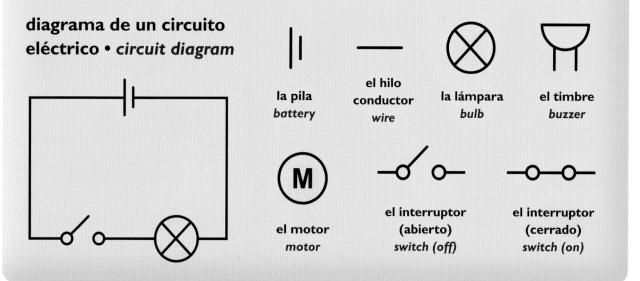

la pila	el hilo conductor	la lámpara	el timbre
battery	*wire*	*bulb*	*buzzer*

el motor	el interruptor (abierto)	el interruptor (cerrado)
motor	*switch (off)*	*switch (on)*

Todo tipo de materiales • *All kinds of materials*

Los materiales tienen propiedades muy diferentes; los hay pesados o ligeros, flexibles o rígidos. Algunos tienen propiedades magnéticas (atraen objetos hechos de hierro); otros son buenos conductores de la electricidad y los hay con propiedades aislantes que se usan para aislamiento eléctrico.

Materials have different properties. They may be heavy or light, flexible or rigid. A few materials are magnetic (able to attract objects made of iron). Some materials are good conductors and allow an electric current to pass through them. Others are insulators and block electric currents.

el cristal
glass

la piel
leather

el papel
paper

el plástico
plastic

el caucho
rubber

la porcelana
china

la madera
wood

la cera
wax

la lana
wool

el algodón
cotton

Science and technology

Propiedades de los materiales
Properties of materials

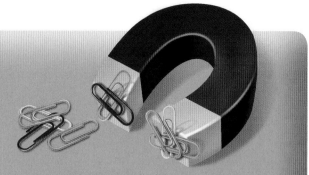

duro • hard
blando • soft
transparente • transparent
opaco • opaque
áspero • rough
brillante • shiny
liso • smooth

magnético • magnetic
apagado • dull
impermeable • waterproof
absorbente • absorbent

el oro
gold

la plata
silver

el bronce
bronze

la piedra
stone

el latón
brass

el hierro
iron

el acero
steel

el cobre
copper

Edificios y estructuras • *Buildings and structures*

Los edificios y las estructuras tienen que ser muy fuertes. Se construyen con una amplia gama de materiales. Los constructores usan piedra, madera, ladrillos, hormigón, acero, cristal o una combinación de estos materiales.

Buildings and structures need to be very strong. They can be constructed from a wide range of materials. Builders may use stone, wood, bricks, concrete, steel, or glass, or a combination of these materials.

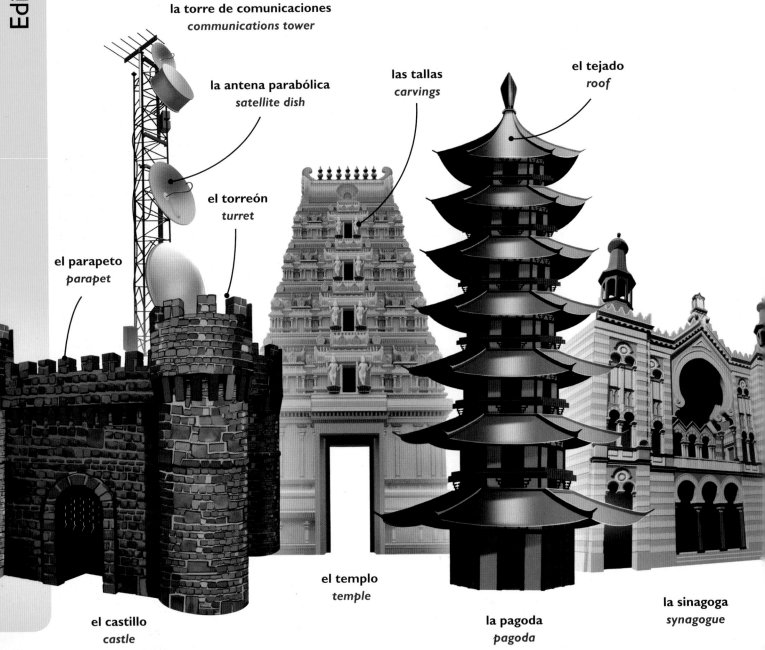

la torre de comunicaciones
communications tower

la antena parabólica
satellite dish

las tallas
carvings

el tejado
roof

el torreón
turret

el parapeto
parapet

el templo
temple

el castillo
castle

la pagoda
pagoda

la sinagoga
synagogue

Buildings and structures

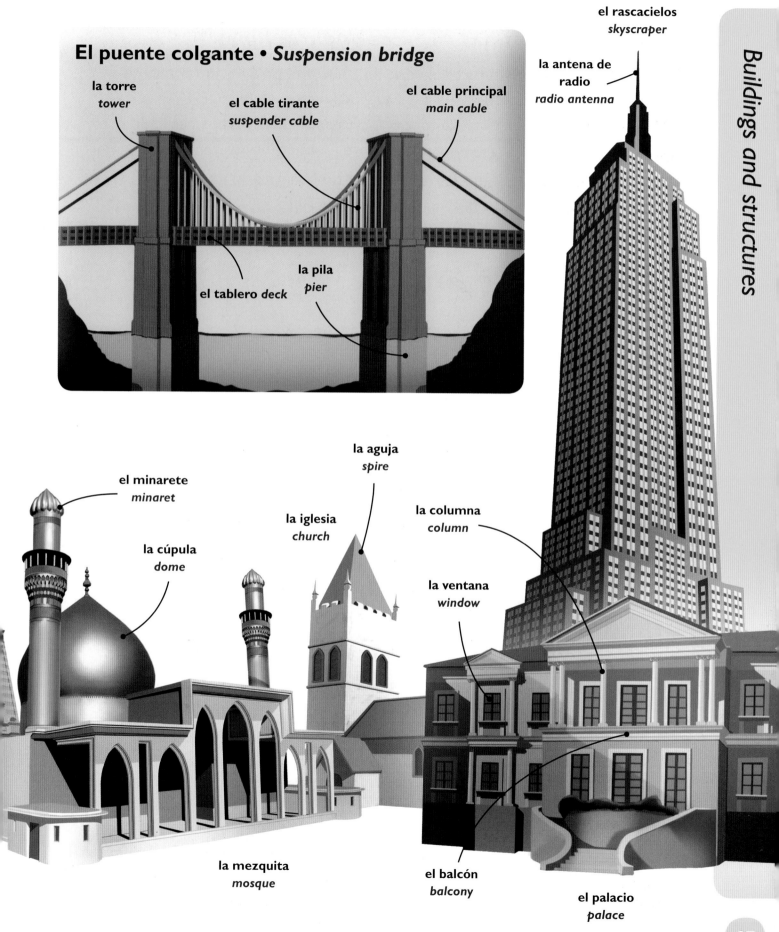

El puente colgante • *Suspension bridge*

la torre
tower

el cable tirante
suspender cable

el cable principal
main cable

el tablero *deck*

la pila
pier

el rascacielos
skyscraper

la antena de
radio
radio antenna

la aguja
spire

el minarete
minaret

la iglesia
church

la columna
column

la cúpula
dome

la ventana
window

la mezquita
mosque

el balcón
balcony

el palacio
palace

Fuerzas y máquinas • *Forces and machines*

Las fuerzas de empujar y tirar hacen que un cuerpo se ponga en movimiento o se detenga. El momento mantiene a los cuerpos en movimiento una vez que se ha empujado o tirado de ellos. La fricción actúa sobre los cuerpos haciendo que se paren y la fuerza de la gravedad actúa sobre los cuerpos atrayéndolos a la Tierra.

Forces are pushes or pulls that make an object move or make it stop. Momentum keeps objects moving after they have been pushed or pulled. Friction acts on objects to make them stop moving. The force of gravity pulls objects down toward the Earth.

Fuerzas en acción • *Forces in action*

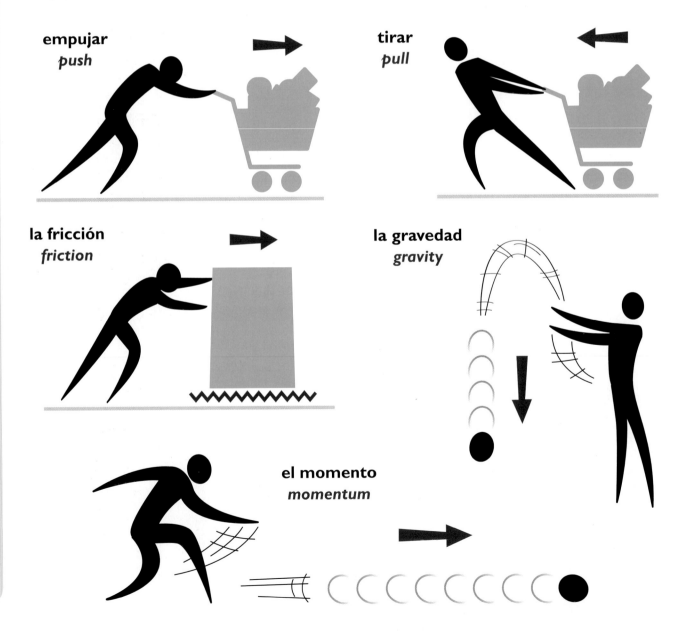

empujar
push

tirar
pull

la fricción
friction

la gravedad
gravity

el momento
momentum

Máquinas sencillas • *Simple machines*

Empujando y tirando se pueden levantar pesos pesados con máquinas sencillas.

Pushes and pulls can be used in machines to lift heavy loads.

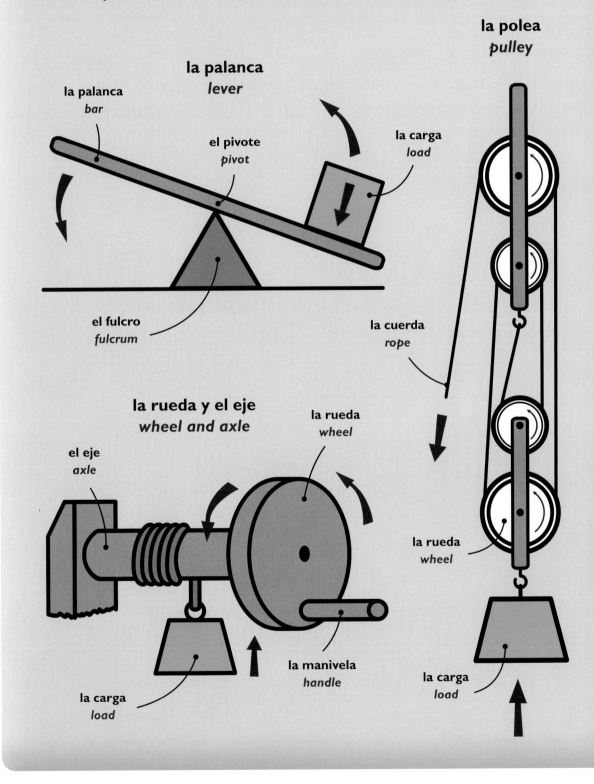

la polea
pulley

la palanca
lever

la palanca
bar

el pivote
pivot

la carga
load

el fulcro
fulcrum

la cuerda
rope

la rueda y el eje
wheel and axle

la rueda
wheel

el eje
axle

la rueda
wheel

la manivela
handle

la carga
load

la carga
load

Computadoras y dispositivos electrónicos
Computers and electronic devices

Las computadoras y los dispositivos electrónicos han transformado nuestro modo de vivir y trabajar. Nos comunicamos al instante con gente de todo el mundo y a través de las redes sociales nos mantenemos en contacto con nuestros amigos, y también buscamos información en Internet.

Computers and electronic devices transform the way we live and work. We communicate instantly with people all over the world. We keep up with friends through social networks, and we search the Internet for information.

En Internet • *On the Internet*

el archivo adjunto • *attachment*	twitear • *tweet*
la página inicial • *home page*	buscar • *search*
el chat • *chat*	explorar • *browse*
conectar • *connect*	navegar • *surf*
el correo electrónico • *e-mail*	bajar • *download*
el blog • *blog*	subir • *upload*
	wifi • *wi-fi*

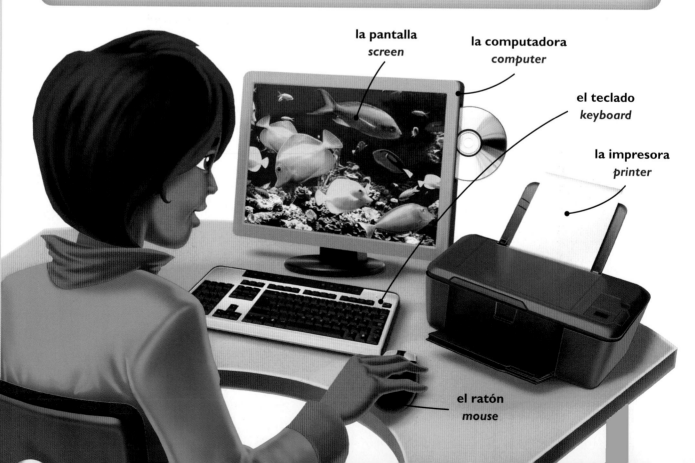

la pantalla
screen

la computadora
computer

el teclado
keyboard

la impresora
printer

el ratón
mouse

el reproductor de MP3
MP3 player

el teléfono móvil
mobile phone

la llave USB
memory stick

la cámara digital
digital camera

el tablet
tablet

la computadora portátil
laptop

el ereader
e-reader

Operaciones en la computadora • *Computer actions*

conectar • *connect*

iniciar sesión • *log on*

cerrar sesión • *log off*

teclear • *type*

desplazarse • *scroll*

hacer clic • *click*

arrastrar • *drag*

cortar • *cut*

pegar • *paste*

insertar • *insert*

borrar • *delete*

formatear • *format*

editar • *edit*

pasar el corrector ortográfico • *spell check*

imprimir • *print*

escanear • *scan*

guardar • *save*

hacer una copia de seguridad • *back up*

Mamíferos • *Mammals*

Los mamíferos se caracterizan por tener sangre caliente, es decir tienen temperatura constante incluso cuando el ambiente sea frío. Las crías se desarrollan en el interior de las hembras (en lugar de en un huevo) y son amamantadas por la madre. Hay mamíferos de todos los tamaños, desde ratones y murciélagos diminutos hasta elefantes, ballenas y delfines enormes.

Mammals are warm-blooded, which means they can stay warm even in cold surroundings. Female mammals give birth to live babies (rather than eggs) and feed their babies with milk. Mammals range in size from tiny mice and bats to enormous elephants, whales, and dolphins.

el mono
monkey

la girafa
giraffe

el elefante
elephant

el camello
camel

el rinoceronte
rhinoceros

el oso polar
polar bear

el hipopótamo
hippopotamus

el leopardo
leopard

Raros y extraordinarios
Unusual and extraordinary

el ornitorrinco
duck-billed platypus

el topo de nariz estrellada
star-nosed mole

el pangolín
pangolin

el perezoso
sloth

la cebra
zebra

la llama
llama

la ardilla
squirrel

el ciervo
deer

la ardilla listada
chipmunk

el gorila
gorilla

el león
lion

la pantera
panther

el canguro
kangaroo

el guepardo
cheetah

Animales domésticos • *Working animals*

Algunos animales viven en contacto directo con el hombre. Los animales grandes de labor tiran o acarrean cargas pesadas. Los perros realizan tareas útiles, como arrear las ovejas, rastrear o cazar. Los animales domésticos nos proporcionan carne, leche o huevos y mucha gente los tienen como mascotas.

Some animals live very closely with people. Large working animals pull or carry heavy loads. Dogs perform many useful tasks, such as herding sheep, tracking, or hunting. Farm animals are kept for their meat or for their milk or eggs, and many people like to keep animals as pets.

el búfalo de agua
water buffalo

el caballo
horse

la cabra
goat

el perro pastor
sheepdog

la oveja
sheep

Animales pequeños
Small animals

el ratón
mouse

el hámster
hamster

el loro
parrot

el conejillo de Indias
guinea pig

el periquito
parakeet

la vaca
cow

el burro
donkey

el pato
duck

el pavo
turkey

el ganso
goose

el perro de rescate de montaña
mountain-rescue dog

el gato
cat

la gallina
hen

el gallo
rooster

Reptiles y anfibios • *Reptiles and amphibians*

Los reptiles ponen huevos y tienen el cuerpo cubierto de escamas. Son reptiles los cocodrilos, las tortugas y las serpientes. Los anfibios tienen la piel suave y normalmente parece que está mojada. Se reproducen en el agua, pero viven fuera. Son anfibios los sapos, las ranas y los tritones.

Reptiles lay eggs and have scaly skin. They include crocodiles, tortoises, and snakes. Amphibians have smooth skin that usually feels damp. They live on land but breed in water. Amphibians include toads, frogs, and newts.

la tortuga marina
turtle

la tortuga
tortoise

el lagarto
lizard

la iguana
iguana

el camaleón
chameleon

el dragón de Komodo
Komodo dragon

la salamandra
salamander

Serpientes • *Snakes*

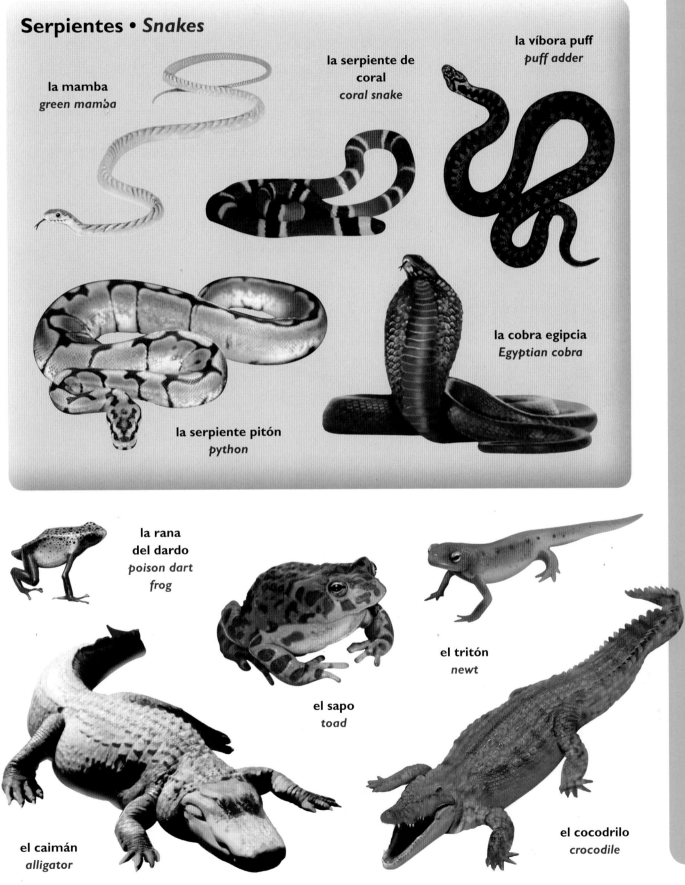

la mamba
green mamba

la serpiente de coral
coral snake

la víbora puff
puff adder

la cobra egipcia
Egyptian cobra

la serpiente pitón
python

la rana del dardo
poison dart frog

el tritón
newt

el sapo
toad

el caimán
alligator

el cocodrilo
crocodile

Peces • *Fish*

Los peces son animales acuáticos que viven y se reproducen en el agua; la mayoría tienen la piel recubierta de escamas y se desplazan por el agua utilizando sus aletas y su potente cuerpo y cola. Los peces respiran debajo del agua a través de las agallas, las cuales absorben el oxígeno que está disuelto en el agua.

Fish live and breed in water. Most fish are covered in scales, and they swim by using their fins and their powerful bodies and tails. Fish use gills to breathe under water. The gills take in the oxygen that is dissolved in water.

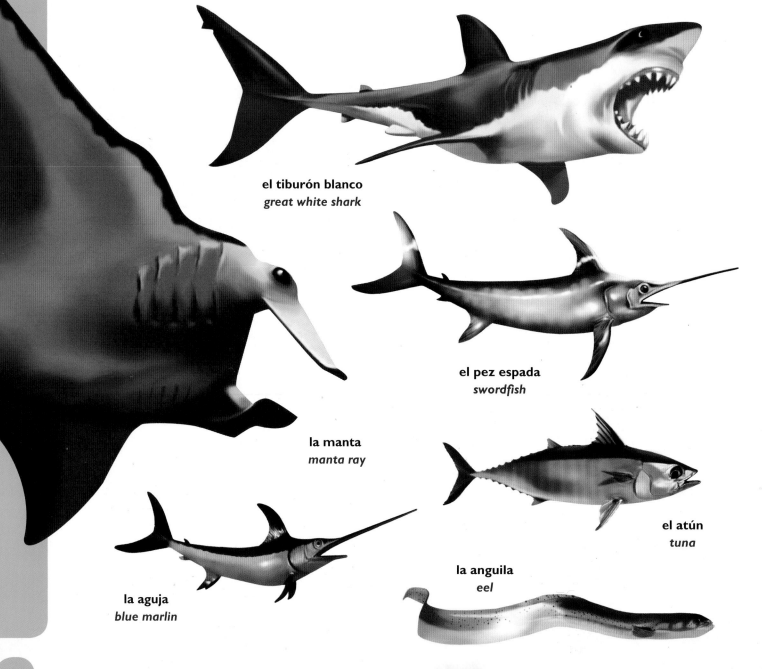

el tiburón blanco
great white shark

el pez espada
swordfish

la manta
manta ray

el atún
tuna

la aguja
blue marlin

la anguila
eel

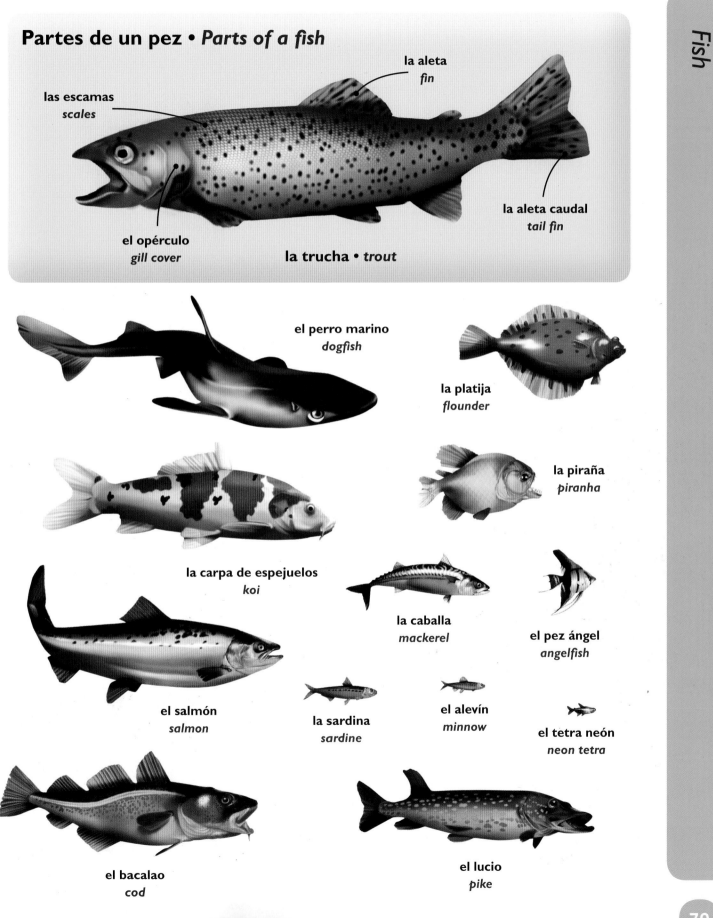

Partes de un pez • *Parts of a fish*

la aleta
fin

las escamas
scales

la aleta caudal
tail fin

el opérculo
gill cover

la trucha • *trout*

el perro marino
dogfish

la platija
flounder

la piraña
piranha

la carpa de espejuelos
koi

la caballa
mackerel

el pez ángel
angelfish

el salmón
salmon

la sardina
sardine

el alevín
minnow

el tetra neón
neon tetra

el bacalao
cod

el lucio
pike

Animales marinos
Sea creatures

A medida que nos sumergimos en el mar, nos vamos a encontrar con una gran variedad de animales marinos. Hay mamíferos (como las ballenas y los delfines), anfibios (como las tortugas de mar), reptiles marinos (como las serpientes de mar), y una gran diversidad de peces.

As you dive deep into the sea, you find an amazing range of creatures. There are mammals (such as whales and dolphins), amphibians (like turtles), marine reptiles (like sea snakes), and many varieties of fish.

❶
el pez volador
flying fish

❷
la anémona
anemone

❸
la foca
seal

❹
la ballena azul
blue whale

❺
el pulpo dumbo
dumbo octopus

❻
la langosta mantis
mantis shrimp

❼
la araña de mar
sea spider

❽
el delfín
dolphin

❾
la morsa
walrus

❿
la tortuga de mar
sea turtle

⓫
la serpiente de mar
sea snake

⓬
el pulpo
octopus

⓭
la langosta
lobster

⓮
el caballito de mar
seahorse

⓯
el nautilo
nautilus

⓰
el tiburón ballena
whale shark

⓱
el calamar gigante
giant squid

⓲
la medusa gigante
giant jellyfish

⓳
el tiburón boreal
Greenland shark

⓴
el pepino de mar
sea cucumber

㉑
el isópodo gigante
giant isopod

Insectos • *Insects*

Los insectos tienen seis patas, no tienen columna vertebral, y tienen el cuerpo dividido en tres partes (la cabeza, el tórax y el abdomen). Otros insectos pequeños sin columna vertebral son las arañas, los ciempiés y los escarabajos.

Insects have six legs, no backbone, and a body divided into three parts (the head, the thorax, and the abdomen). Other small creatures without a backbone include spiders, centipedes, and beetles.

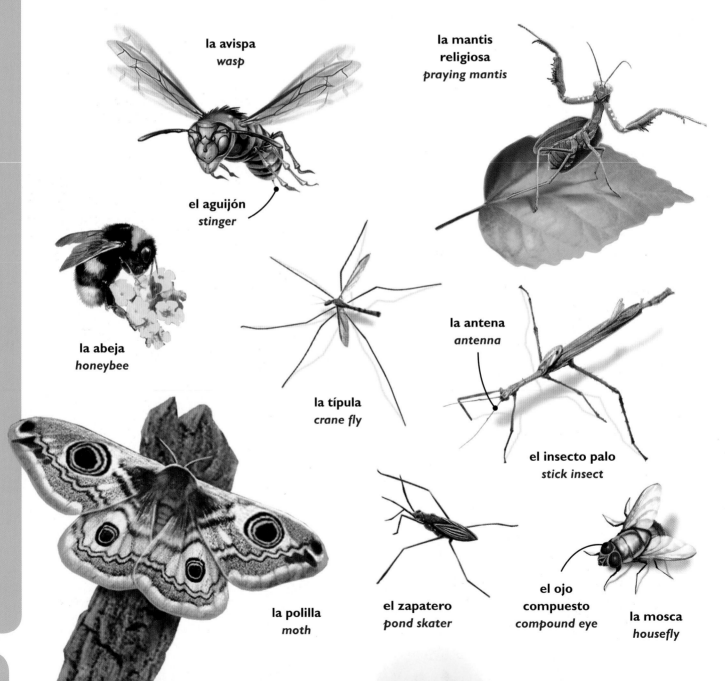

la avispa
wasp

la mantis religiosa
praying mantis

el aguijón
stinger

la abeja
honeybee

la antena
antenna

la típula
crane fly

el insecto palo
stick insect

la polilla
moth

el zapatero
pond skater

el ojo compuesto
compound eye

la mosca
housefly

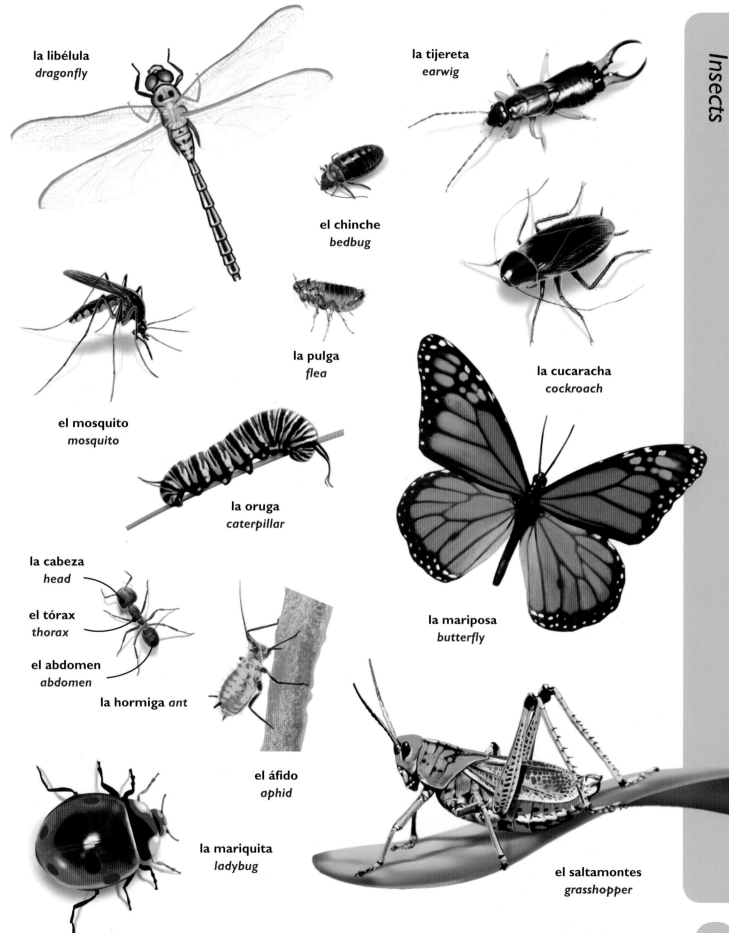

la libélula
dragonfly

la tijereta
earwig

el chinche
bedbug

la pulga
flea

la cucaracha
cockroach

el mosquito
mosquito

la oruga
caterpillar

la cabeza
head

el tórax
thorax

el abdomen
abdomen

la hormiga *ant*

el áfido
aphid

la mariposa
butterfly

la mariquita
ladybug

el saltamontes
grasshopper

Animales y plantas

Animales nocturnos • *Nocturnal creatures*

Los animales nocturnos duermen o descansan durante el día y cazan durante la noche.

Nocturnal creatures sleep or rest during the day. They come out in the evening or at night to look for food.

1 el tejón • *badger*	**4** la babosa leopardo • *leopard slug*	**7** el escorpión • *scorpion*
2 la polilla luna • *moth*	**5** el lobo gris • *gray wolf*	**8** la mofeta • *skunk*
3 el lémur • *lemur*	**6** el erizo • *hedgehog*	**9** el vampiro • *vampire bat*

Animals and plants

10 el mapache • *raccoon*

11 el lirón • *dormouse*

12 el tarsero • *tarsier*

13 el zorro • *fox*

14 el puercoespín • *porcupine*

15 el ermitaño • *hermit crab*

16 la zarigüeya • *opossum*

17 el armadillo • *armadillo*

18 la lechuza • *barn owl*

Aves • *Birds*

Las aves tienen dos patas, dos alas y un pico. Todas las aves ponen huevos y tienen el cuerpo cubierto de plumas. La mayoría de las aves pueden volar, pero hay algunas, como el pingüino, el emú y el avestruz, que no pueden volar.

Birds have two legs, two wings, and a beak. All birds lay eggs and are covered with feathers. Most birds can fly, but there are some flightless birds, such as the penguin, the emu, and the ostrich.

el martín pescador
kingfisher

el petirrojo
robin

la golondrina
swallow

el pájaro carpintero
woodpecker

el cuco
cuckoo

el pavo real
peacock

la garza real
heron

el mirlo
blackbird

Exóticas y maravillosas • *Astonishing and amazing*

la espátula rosada
roseate spoonbill

el cálao de casco
helmeted hornbill

el ave fragata
frigate bird

el buitre
vulture

el águila
eagle

el pelícano
pelican

el avestruz
ostrich

el flamenco
flamingo

el pingüino
penguin

el frailecillo
puffin

el colibrí
hummingbird

Árboles y arbustos • *Trees and shrubs*

Los árboles son plantas muy grandes que tardan varios años en alcanzar su altura natural; tienen el tronco ancho y leñoso y las raíces muy profundas. Los arbustos son matas de tallo leñoso. Son arbustos algunas hierbas, como por ejemplo la lavanda, el romero y la salvia.

Trees are very large plants that take many years to grow to their full size. They have a thick and woody trunk and very deep roots. Shrubs are bushes with woody stems. They include some herbs, such as lavender, rosemary, and sage.

el tejo
yew

el baobab
baobab

el pino
pine

la secuoya
redwood

el abeto
fir

el castaño de Indias
chestnut

la palmera
palm

el roble
oak

el haya
beech

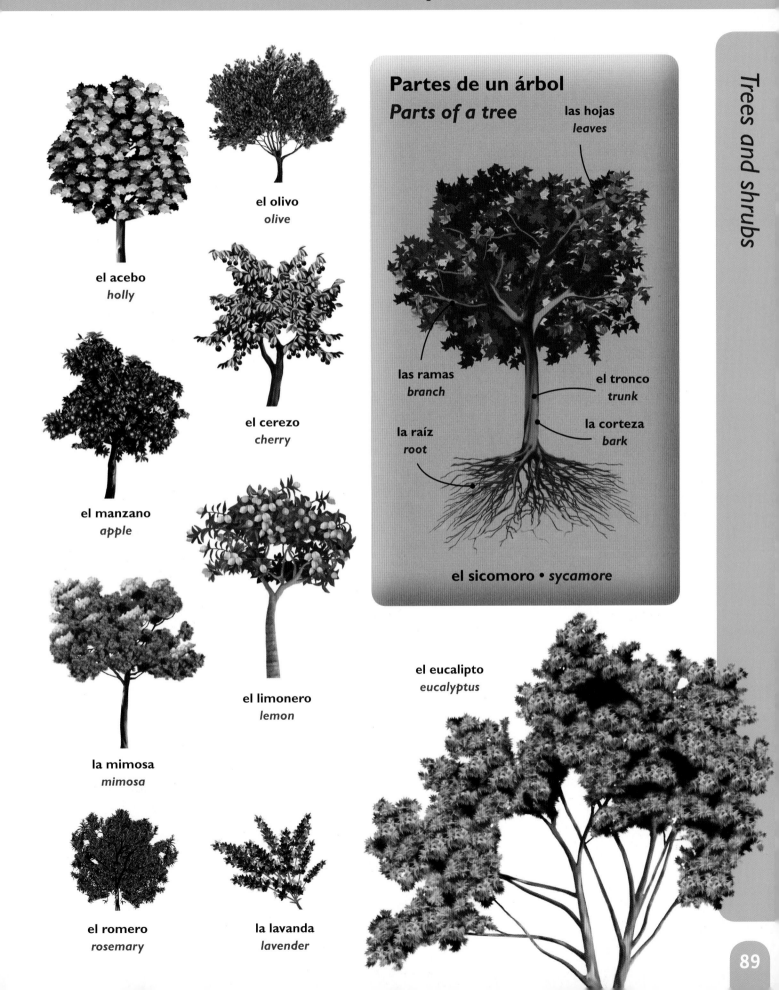

el olivo
olive

el acebo
holly

el cerezo
cherry

el manzano
apple

el limonero
lemon

la mimosa
mimosa

el romero
rosemary

la lavanda
lavender

Partes de un árbol
Parts of a tree

las hojas
leaves

las ramas
branch

el tronco
trunk

la raíz
root

la corteza
bark

el sicomoro • *sycamore*

el eucalipto
eucalyptus

Todo tipo de plantas • *All sorts of plants*

Las plantas son verdes y necesitan luz para crecer. Hay muchos tipos distintos de plantas. Son plantas las flores, las hierbas aromáticas, las plantas herbáceas, los cactus, los helechos y los musgos.

Plants are green and need light to grow. There are many different types of plants, including flowering plants, herbs, grasses, cacti, ferns, and mosses.

el pensamiento
pansy

la rosa
rose

el narciso
daffodil

la orquídea
orchid

el tulipán
tulip

el lirio
lily

el girasol
sunflower

la amapola
poppy

el nenúfar
water lily

la margarita
daisy

el diente de león
dandelion

la hierba de las **Pampas**
pampas grass

Partes de una planta en flor
Parts of a flowering plant

el pétalo
petal

el capullo
bud

la flor
flower

el peciolo
leaf stalk

la hoja
leaf

el tallo
stem

la raíz
root

el musgo
moss

el helecho
fern

el bambú
bamboo

el cactus
cactus

Pueblos y ciudades • *Towns and cities*

En el centro de nuestros pueblos y ciudades hay oficinas, museos y bancos y algunos de los edificios más grandes del mundo; en las afueras están los barrios residenciales, donde vive la mayoría de la gente.

In the center of our towns and cities are offices, museums, banks, and some of the tallest buildings in the world. On the outskirts are the suburbs, where most people live.

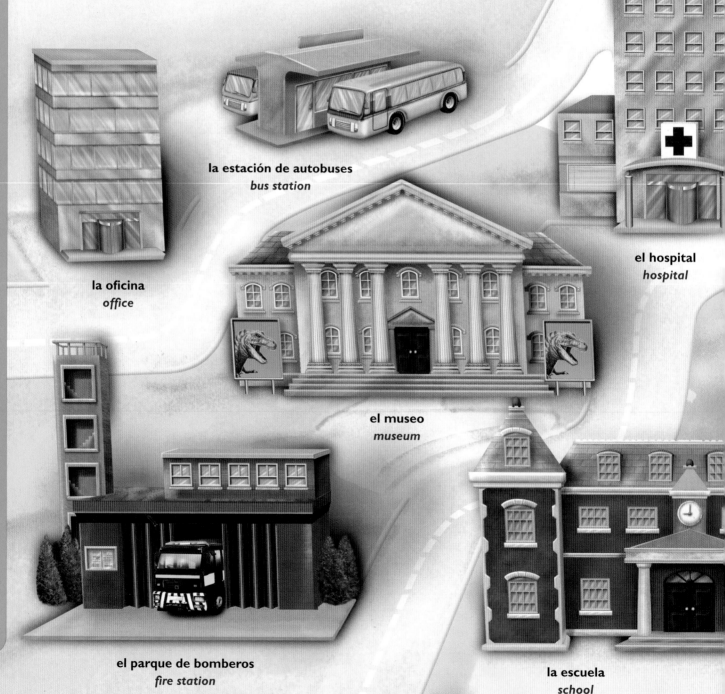

la estación de autobuses
bus station

la oficina
office

el hospital
hospital

el museo
museum

el parque de bomberos
fire station

la escuela
school

el parking
parking lot

el supermercado
supermarket

el estadio
stadium

el hotel
hotel

el ayuntamiento
city hall

el restaurante
restaurant

el cine
movie theater

En la calle • *On the street*

Las calles de las ciudades pueden ser muy bulliciosas, ya que en ellas hay muchas tiendas, negocios y cafés. Algunas calles son peatonales y así es más agradable ir de compras y salir con los amigos.

City streets can be very lively places. They are full of shops, businesses, and cafes. In some streets, most traffic is banned so the pedestrians can enjoy shopping and meeting friends.

1 el café
cafe

2 el quiosco
newsstand

3 la tienda
convenience store

4 el banco
bank

5 la oficina de correos
post office

6 el buzón
mailbox

7 la parada de autobús
bus stop

8 la calle
road

9 la acera
pavement

10 la farola
streetlight

11 el parquímetro
parking meter

12 la papelera
trash can

13 la frutería
greengrocer

14 la librería
bookstore

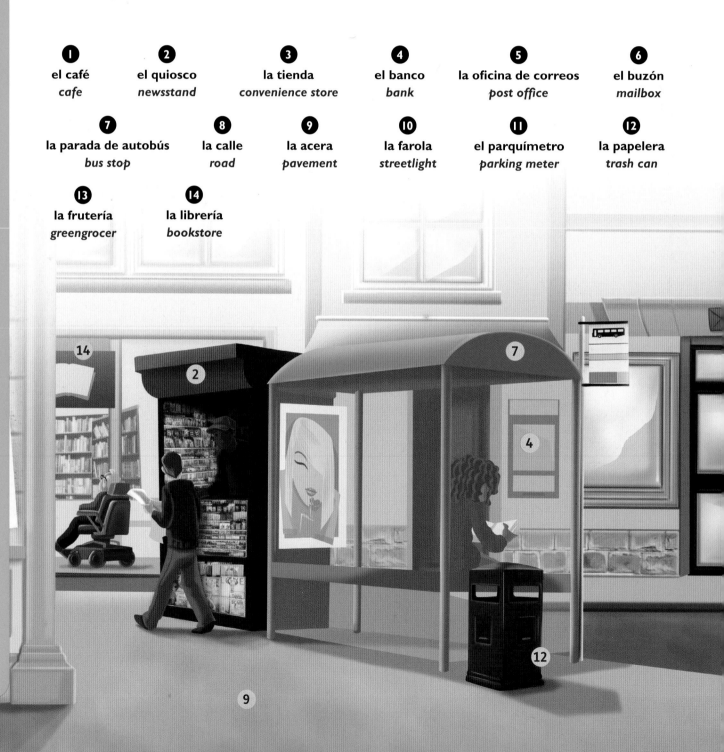

Todo tipo de tiendas • *All sorts of shops*

la juguetería
toy store

la panadería
baker

la carnicería
butcher

la farmacia
pharmacy

la tienda de ropa
clothes store

la tienda de golosinas
candy store

la floristería
florist

la tienda de regalos
gift shop

la tienda de periódicos
newsstand

la pajarería
pet shop

la zapatería
shoe store

En el campo • *In the country*

En todas las partes del mundo, se trabaja el campo y se crían animales. Los agricultores cultivan productos agrícolas y los ganaderos crían vacas lecheras o cabras para obtener su leche, que a veces se transforma en queso, mantequilla o en otros productos lácteos.

All over the world, people farm the land and raise animals in the countryside. Many farmers, such as wheat or soybean farmers, grow crops. Other farmers, such as dairy farmers, keep cows or goats for their milk. Milk is sometimes turned into cheese, butter, or other dairy products.

Cultivos y hortalizas • *Crops and vegetables*

la caña de azúcar • *sugarcane*

la soja • *soybeans*

el maíz • *corn*

el trigo • *wheat*

las calabazas • *pumpkins*

las papas • *potatoes*

el arroz • *rice*

las uvas • *grapes*

Vehículos y máquinas agrícolas • *Farm vehicles and machinery*

la cosechadora
combine harvester

la empacadora
baler

el quad
quad bike

el pico
pickax

la carretilla
wheelbarrow

la pala
shovel

el rastrillo
rake

la guadaña
scythe

el tractor
tractor

Edificios de la granja • *Farm buildings*

la torre de ensilaje
silo

el cobertizo de ordeño
milking shed

la cuadra
stables

el redil
animal pen

la casa de labranza
farmhouse

el granero
barn

la nave de la maquinaria
machinery sheds

Paisajes y hábitats • *Landscapes and habitats*

En la Tierra hay muchos tipos de paisajes. Cada paisaje facilita un hábitat especial para un tipo distinto de fauna y flora. Los paisajes varían desde hielo muy espeso y nieve en el polo Norte y en el polo Sur hasta selvas tropicales húmedas cerca del ecuador.

The Earth has many different types of landscapes, and each landscape provides a special habitat for a different set of wildlife. Landscapes can range from thick ice and snow around the North and South Poles to steamy rain forests close to the equator.

el océano
ocean

la orilla del mar
seashore

la montaña
mountain

la selva tropical
rain forest

el desierto
desert

las praderas
grasslands

el glaciar
glacier

el bosque de hoja perenne
evergreen forest

el bosque
woodland

el lago
lake

la región polar
polar region

la zona pantanosa
swamp

el brezal
bog

Etapas de un río
Stages of a river

Los ríos proporcionan un hábitat muy cambiante para la fauna y la flora: en su nacimiento son arroyos de escaso caudal y de corriente rápida, y en la desembocadura son ríos anchos y de corriente lenta.

Rivers provide a changing habitat for wildlife, starting with a tiny, fast-flowing stream, and ending in a broad, slow-moving river.

el arroyo
stream

el afluente
tributary

los rápidos
rapids

la cascada
waterfall

el estuario
estuary

El tiempo • *Weather*

Los lugares próximos al ecuador tienen clima tropical; el tiempo en esta zona es caluroso y húmedo durante todo el año. En los lugares situados más al norte y al sur el clima es templado y se caracteriza por ser frío en invierno, más suave en primavera y otoño y cálido en verano.

Places close to the equator have a tropical climate. The weather there is hot and humid all year round. In places farther north and south, the climate is temperate. It is cold in the winter, cool in spring and autumn, and warm in summer.

soleado • *sunny*

nublado • *cloudy*

lluvioso • *rainy*

de niebla • *foggy*

de neblina tóxica • *smoggy*

de nieve • *snowy*

glacial • *icy*

el vendaval de polvo • *dust storm*

la granizada • *hailstorm*

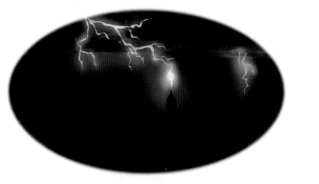

la tormenta • *thunderstorm*

Para hablar de temperaturas
Temperature words

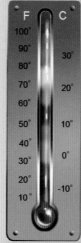

F	C	
100°		**caluroso** *hot*
90°	30°	
80°		**cálido** *warm*
70°	20°	
60°		**fresco** *cool*
50°	10°	
40°		**frío** *cold*
30°	0°	
20°		
10°	-10°	**bajo cero** *freezing*

el clima tropical *tropical climate*

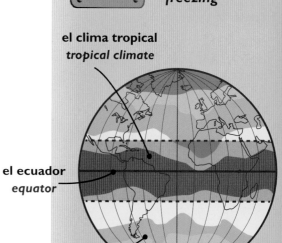

el ecuador *equator*

el clima templado *temperate climate*

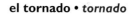

el tornado • *tornado*

Contaminación y conservación
Pollution and conservation

La Tierra se encuentra amenazada por contaminación de varios tipos. También estamos corriendo el riesgo de agotar los recursos energéticos de la Tierra. Si queremos salvar nuestro planeta, tenemos que reducir la contaminación y ahorrar energía.

Planet Earth is threatened by many kinds of pollution. We are also in danger of using up the Earth's resources of energy. If we want to save our planet, we must reduce pollution and conserve (save) energy.

Tipos de contaminación
Types of pollution

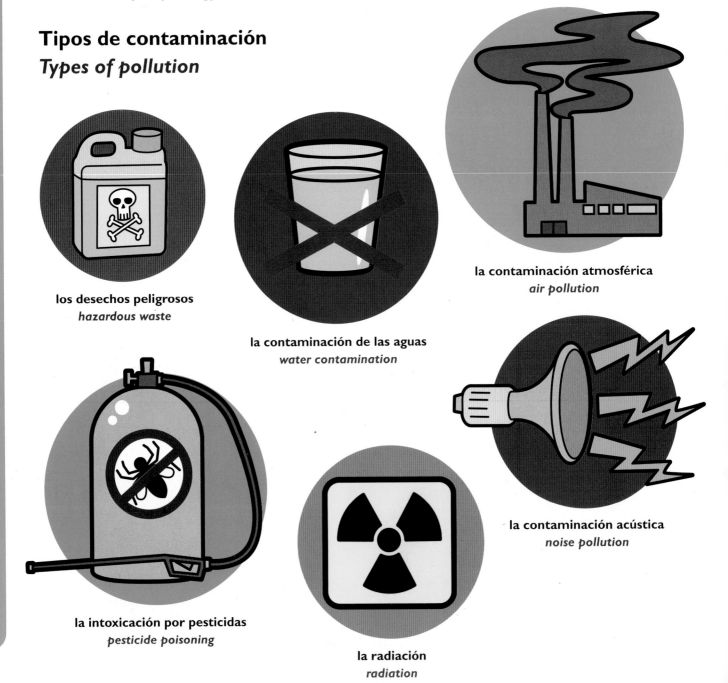

los desechos peligrosos
hazardous waste

la contaminación de las aguas
water contamination

la contaminación atmosférica
air pollution

la intoxicación por pesticidas
pesticide poisoning

la radiación
radiation

la contaminación acústica
noise pollution

la lluvia ácida
acid rain

el vertido de petróleo
oil spill

la contaminación lumínica
light pollution

Ahorro de energía • *Energy conservation*

Podemos tomar varias medidas para ayudar a ahorrar energía y mantener nuestro planeta en buen estado.

People can take a range of steps to help save energy and keep the planet healthy.

el abono orgánico
composting

la reutilización
reuse

el ahorro de energía
conserving energy

el reciclaje
recycling

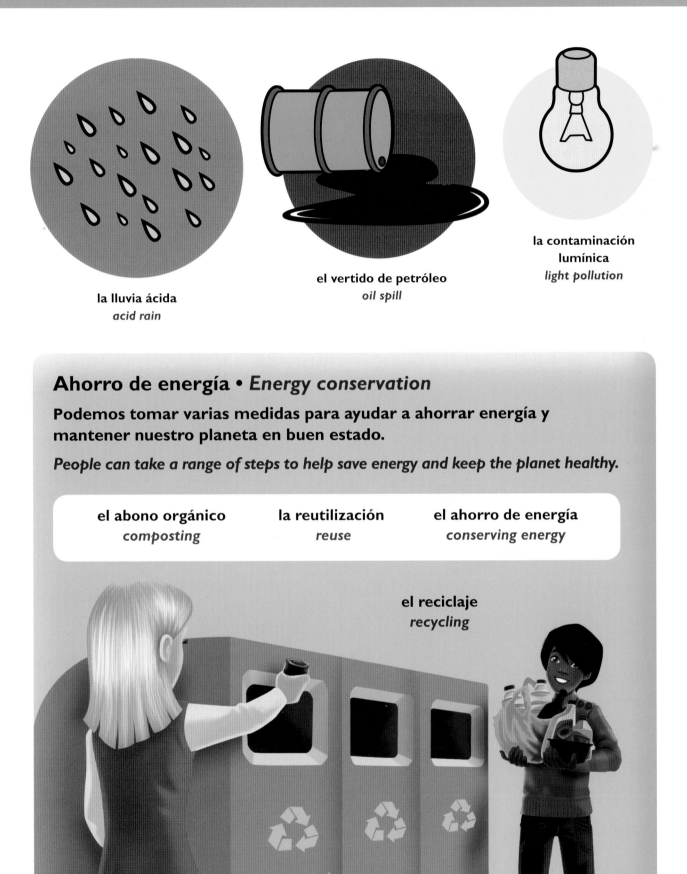

La Tierra
Planet Earth

Los seres humanos viven en la superficie de la corteza terrestre, y esta corteza tiene forma de diferentes paisajes. Debajo de la corteza hay varias capas de roca, y algunas están fundidas (a temperaturas muy altas y líquidas). Los volcanes entran en erupción cuando la roca fundida, llamada lava, es expulsada a la superficie de la Tierra de forma violenta.

Humans live on the surface crust of the Earth, and this crust is molded into different landscape features. Underneath the crust are several layers of rock, and some of them are molten (very hot and liquid). Volcanoes erupt when molten rock, called lava, bursts through the Earth's crust.

El interior de la Tierra
Inside the Earth

la corteza
crust

el manto
mantle

el núcleo interno sólido
solid inner core

el núcleo externo líquido
liquid outer core

Topografía del paisaje
Landscape features

la meseta
plateau

la montaña
hill

el valle
valley

la llanura
plain

El interior de un volcán
Inside a volcano

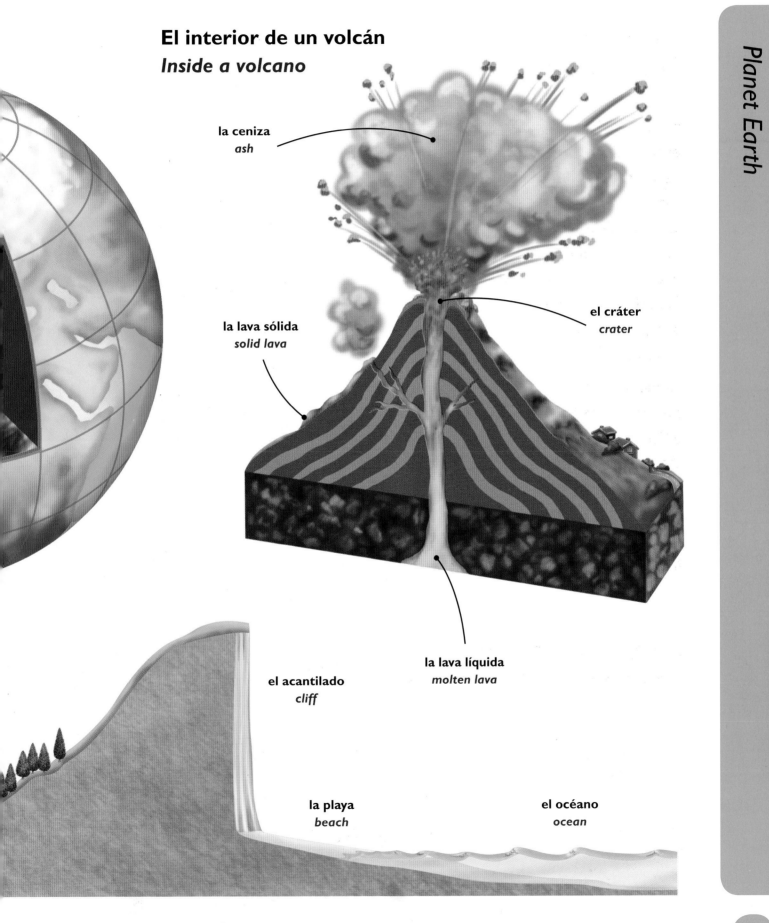

la ceniza
ash

el cráter
crater

la lava sólida
solid lava

la lava líquida
molten lava

el acantilado
cliff

la playa
beach

el océano
ocean

El sistema solar
The solar system

Nuestro sistema solar está compuesto por el Sol y los planetas que giran a su alrededor. En nuestro sistema solar hay ocho planetas y muchas lunas. También hay muchos asteroides y cometas que giran alrededor del Sol.

Our solar system is made up of the Sun and the planets that orbit it. In our solar system, there are eight planets and many moons. There are also many asteroids and comets that orbit the Sun.

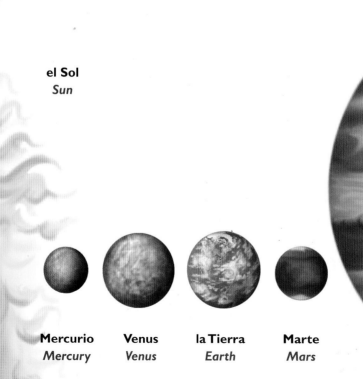

el Sol
Sun

Mercurio
Mercury

Venus
Venus

la Tierra
Earth

Marte
Mars

Júpiter
Jupiter

Palabras de astronomía • *Space words*

La gente utiliza los telescopios para estudiar el cielo por la noche. Los observadores de estrellas profesionales se llaman astrónomos.

People use telescopes to study the sky at night. Professional stargazers are called astronomers.

la estrella • *star*

la constelación • *constellation*

la luna • *moon*

la Vía Láctea • *Milky Way*

la galaxia • *galaxy*

el meteoro • *meteor*

el agujero negro • *black hole*

Saturno
Saturn

Urano
Uranus

Neptuno
Neptune

Viajes espaciales • *Space travel*

El hombre lleva explorando el espacio desde hace más de 50 años. Cohetes potentes lanzan al espacio transbordadores espaciales y otras naves espaciales. Las sondas y las estaciones espaciales investigan el espacio, y los robots exploradores y los módulos de aterrizaje exploran otros planetas. Algunas naves espaciales van tripuladas por astronautas, pero muchas son controladas por robots.

Humans have been exploring space for over 50 years. Powerful rockets launch space shuttles and other spacecraft into space. Probes and space stations investigate space, and rovers and landers explore other planets. Some spacecraft carry astronauts, but many are operated by robots.

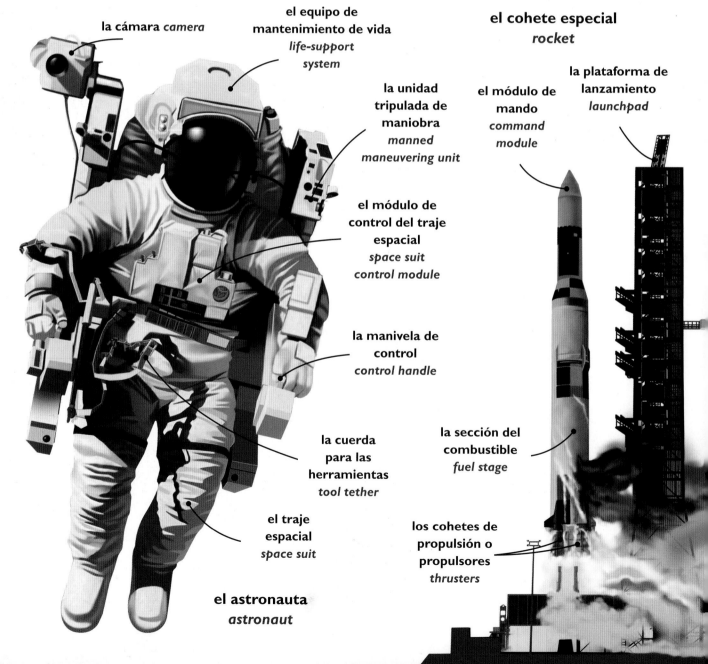

la cámara *camera*

el equipo de mantenimiento de vida
life-support system

el cohete especial
rocket

la unidad tripulada de maniobra
manned maneuvering unit

el módulo de mando
command module

la plataforma de lanzamiento
launchpad

el módulo de control del traje espacial
space suit control module

la manivela de control
control handle

la cuerda para las herramientas
tool tether

la sección del combustible
fuel stage

el traje espacial
space suit

los cohetes de propulsión o propulsores
thrusters

el astronauta
astronaut

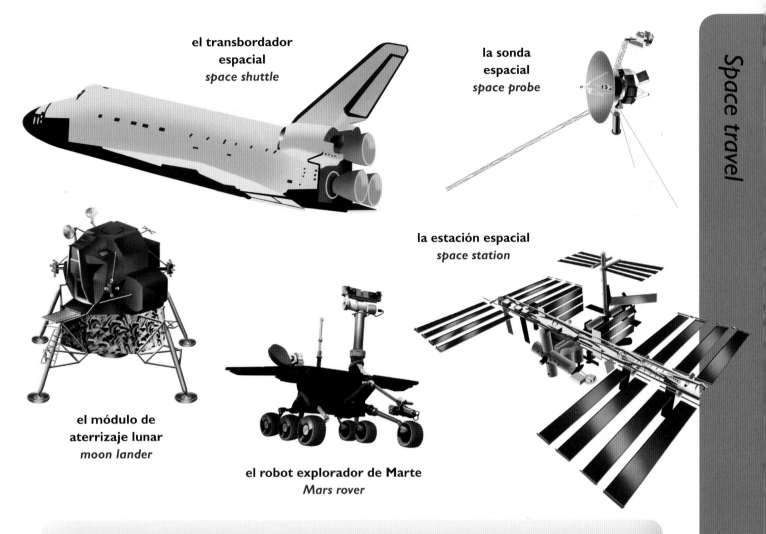

el transbordador espacial
space shuttle

la sonda espacial
space probe

la estación espacial
space station

el módulo de aterrizaje lunar
moon lander

el robot explorador de Marte
Mars rover

Satélites • *Satellites*

Los satélites giran alrededor de la Tierra. Se utilizan para sacar fotografías, retransmitir mensajes y para el seguimiento meteorológico.

Satellites orbit the Earth. They are used to take photographs, to transmit messages, and to track the weather.

satélite de observación de la Tierra
Earth observation satellite

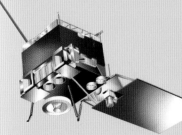

satélite meteorológico
weather satellite

satélite de comunicaciones
communications satellite

Los números y las unidades de medida

Los números • *Numbers*

0	cero • *zero*	
1	uno • *one*	
2	dos • *two*	
3	tres • *three*	
4	cuatro • *four*	
5	cinco • *five*	
6	seis • *six*	
7	siete • *seven*	
8	ocho • *eight*	
9	nueve • *nine*	
10	diez • *ten*	
11	once • *eleven*	
12	doce • *twelve*	
13	trece • *thirteen*	
14	catorce • *fourteen*	
15	quince • *fifteen*	
16	dieciséis • *sixteen*	
17	diecisiete • *seventeen*	
18	dieciocho • *eighteen*	
19	diecinueve • *nineteen*	
20	veinte • *twenty*	
21	veintiuno • *twenty-one*	
22	veintidós • *twenty-two*	
23	veintitrés • *twenty-three*	
24	veinticuatro • *twenty-four*	
25	veinticinco • *twenty-five*	
30	treinta • *thirty*	

40 cuarenta • *forty*

50 cincuenta • *fifty*

60 sesenta • *sixty*

70 setenta • *seventy*

80 ochenta • *eighty*

90 noventa • *ninety*

100 cien • *a hundred, one hundred*

101 ciento uno • *a hundred and one, one hundred and one*

1,000
mil • *a thousand, one thousand*

10,000
diez mil • *ten thousand*

1,000,000
un millón • *a million, one million*

1,000,000,000
mil millones • *a billion, one billion*

1° primero, primera • *first*

2° segundo, segunda • *second*

3° tercero, tercera • *third*

4° cuarto, cuarta • *fourth*

5° quinto, quinta • *fifth*

6° sexto, sexta • *sixth*

7° séptimo, séptima • *seventh*

8° octavo, octava • *eighth*

9° noveno, novena • *ninth*

10° décimo, décima • *tenth*

11° undécimo, undécima • *eleventh*

12° duodécimo, duodécima • *twelfth*

13° decimotercero, decimotercera *thirteenth*

14° decimocuarto, decimocuarta *fourteenth*

15° decimoquinto, decimoquinta *fifteenth*

110

16° **decimosexto, decimosexta**
sixteenth

17° **decimoséptimo, decimoséptima**
seventeenth

18° **decimoctavo, decimoctava**
eighteenth

19° **decimonoveno, decimonovena**
nineteenth

20° **vigésimo, vigésima**
twentieth

21° **vigesimoprimero, vigesimoprimera**
twenty-first

30° **trigésimo, trigésima**
thirtieth

40° **cuadragésimo, cuadragésima**
fortieth

50° **quincuagésimo, quincuagésima**
fiftieth

60° **sexagésimo, sexagésima**
sixtieth

70° **septuagésimo, septuagésima**
seventieth

80° **octogésimo, octogésima**
eightieth

90° **nonagésimo, nonagésima**
ninetieth

100° **centésimo, centésima**
one hundredth

1,000° **milésimo, milésima**
one thousandth

Las fracciones
Fractions

una mitad • *half*
un tercio • *third*
una cuarta parte • *quarter*
una octava parte • *eighth*

Las medidas
Measurements

pulgada • *inch*
pie • *foot*
yarda • *yard*
milla • *mile*
onza • *ounce*
libra • *pound*
tonelada • *ton*
cuarto de galón • *quart*
pinta • *pint*
galón • *gallon*
grados Fahrenheit • *degrees Farenheit*
grados Celsius • *degrees Celsius*

la altura • *height*
la profundidad • *depth*
el ancho • *width*
la longitud • *length*

Operaciones aritméticas
Math words

multiplicar • *multiply*
sumar • *add*
restar • *subtract*
dividir • *divide*

El calendario y la hora

Los días de la semana
Days of the week

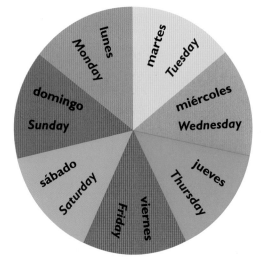

- lunes / Monday
- martes / Tuesday
- miércoles / Wednesday
- jueves / Thursday
- viernes / Friday
- sábado / Saturday
- domingo / Sunday

Los meses
Months

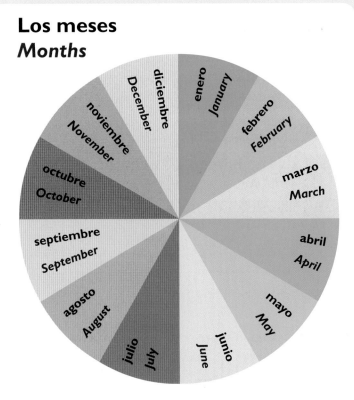

- enero / January
- febrero / February
- marzo / March
- abril / April
- mayo / May
- junio / June
- julio / July
- agosto / August
- septiembre / September
- octubre / October
- noviembre / November
- diciembre / December

Las estaciones • *Seasons*

la primavera
spring

el verano
summer

el otoño
autumn

el invierno
winter

Palabras de tiempo • *Time words*

el milenio *millennium*	el siglo *century*	el año *year*
el mes *month*	la semana *week*	el día *day*
la hora *hour*	el minuto *minute*	el segundo *second*

Momentos del día • *Times of day*

el amanecer *dawn*	la mañana *morning*	el mediodía *midday*	la tarde *afternoon*
la tarde *evening*	la noche *night*	la medianoche *midnight*	

La hora • *Telling the time*

las nueve
nine o'clock

las nueve y cinco
five past nine

las nueve y diez
nine ten,
ten past nine

las nueve y cuarto
nine fifteen,
quarter past nine

las nueve y veinte
nine twenty,
twenty past nine

las nueve y veinticinco
nine twenty-five,
twenty-five past nine

las nueve y media
nine thirty,
half past nine

las nueve treinta y cinco,
las diez menos veinticinco
nine thirty-five,
twenty-five to ten

las nueve y cuarenta,
las diez menos veinte
nine forty,
twenty to ten

las nueve y cuarenta
y cinco, las diez
menos cuarto
nine forty-five,
quarter to ten

las nueve y cincuenta,
las diez menos diez
nine fifty,
ten to ten

las nueve y
cincuenta y cinco,
las diez menos cinco
nine fifty-five,
five to ten

Los colores • *Colors*

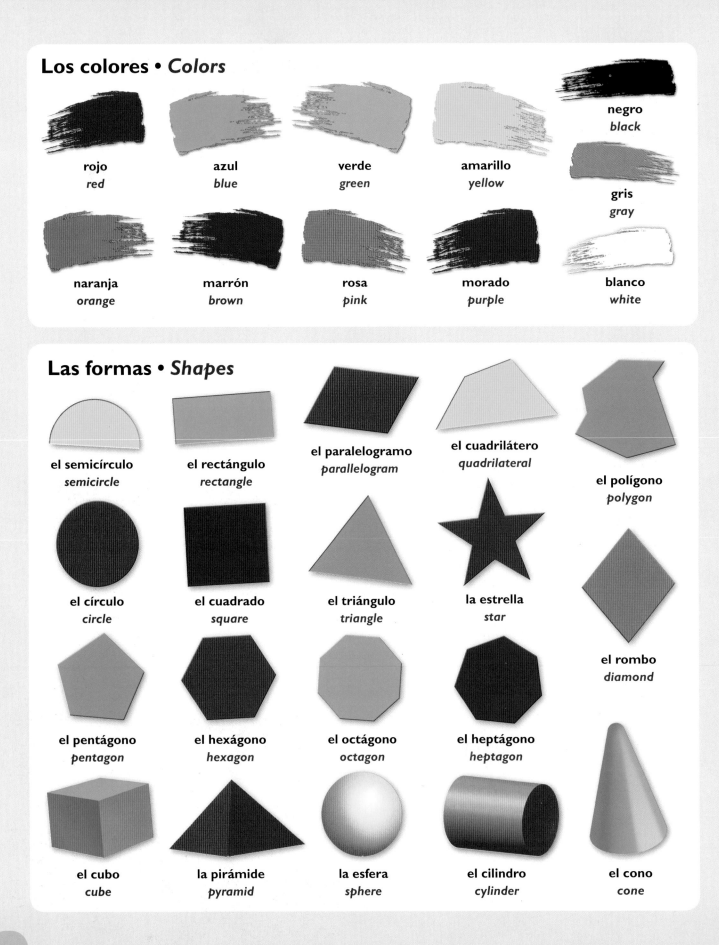

rojo
red

azul
blue

verde
green

amarillo
yellow

negro
black

gris
gray

naranja
orange

marrón
brown

rosa
pink

morado
purple

blanco
white

Las formas • *Shapes*

el semicírculo
semicircle

el rectángulo
rectangle

el paralelogramo
parallelogram

el cuadrilátero
quadrilateral

el polígono
polygon

el círculo
circle

el cuadrado
square

el triángulo
triangle

la estrella
star

el rombo
diamond

el pentágono
pentagon

el hexágono
hexagon

el octágono
octagon

el heptágono
heptagon

el cubo
cube

la pirámide
pyramid

la esfera
sphere

el cilindro
cylinder

el cono
cone

Opuestos
Opposites

grande – pequeño/pequeña
big – small

limpio/limpia – sucio/sucia
clean – dirty

gordo/gorda – delgado/delgada
fat – thin

lleno/llena – vacío/vacía
full – empty

alto/alta – bajo/baja
high – low

caliente – frío/fría
hot – cold

abierto/abierta – cerrado/cerrada
open – closed

pesado/pesada – ligero/ligera
heavy – light

fuerte – silencioso/silenciosa
loud – quiet

duro/dura – blando/blanda
hard – soft

largo/larga – corto/corta
long – short

claro/clara – oscuro/oscura
light – dark

seco/seca – mojado/mojada
dry – wet

rápido/rápida – lento/lenta
fast – slow

Palabras de posición
Position words

en *on*	de *off*
debajo de *under*	encima de, sobre *over*
al lado de *next to*	entre *between*
encima *above*	debajo *below*
delante de *in front of*	detrás de *behind*
lejos *far*	cerca *near*

Índice español • *Spanish index*

Índice español • *Spanish index*

Índice español • Spanish index

Índice español • *Spanish index*

Índice español • *Spanish index*

Índice inglés • English index

Índice inglés • English index

First edition for the United States published in 2014 by Barron's Educational Series, Inc.
The Oxford Children's Spanish-English Visual Dictionary was originally published in English in 2013.
This edition is published by arrangement with Oxford University Press.

First published in 2013 by Oxford University Press, Great Clarendon Street, Oxford OX2 6DP

© Oxford University Press 2013

All artwork by Dynamo Design Ltd.
Cover images: Spanish flag, Globe Trotter, LLC/Shutterstock.com. Magnifying glass, Vjom/Shutterstock.com.
All others Dynamo Design Ltd.
Developed with, and English text by, Jane Bingham and White-Thomson Publishing Ltd.
Translated by Carmen Fernández Marsden

All inquiries should be addressed to:
Barron's Educational Series, Inc.
250 Wireless Boulevard
Hauppauge, New York 11788
www.barronseduc.com

ISBN: 978-1-4380-0452-5

Library of Congress Control No. 2013948529

Date of Manufacture: March 2014
Manufactured by: Heshan Astros Printing Ltd., Guangdong, China

Printed in China
9 8 7 6 5 4 3 2 1